Klasse, dass du dein Klavierspiel mit Band 3 fortsetzt!

Da bin ich wieder, **Professor Doggi**, der Piano-Hund! Zusammen mit meinen Freunden möchte ich dich auf deinem Weg zum **KLAVIER-DIPLOM** begleiten.

Da du dich an **Band 3** herantraust, macht dir das Klavierspiel wohl richtig Spaß. Du hast ja auf deinem Weg durch die ersten beiden Bände schon sehr viel gelernt. Auch in **Band 3** wirst du viele neue Dinge kennenlernen und deinen Freunden, Eltern und Großeltern bekannte Kinderlieder, populäre Vortragsstücke sowie erste klassische Werke vorspielen können. Alles ist leicht verständlich erklärt, und mit Hilfe der Hörbeispiele auf der **CD** oder **auch online** kannst du dir immer anhören, wie die Musik klingen soll.

Die Auflösungen zu den Quizaufgaben findest du weiterhin auch online auf **www.klavier-fuer-kinder.de**. Zum Abschluss deiner Abenteuerreise erwartet dich die nächste **Urkunde**, die dir bescheinigt, dass du diesen Pianokurs erfolgreich abgeschlossen hast.

Viel Spaß und Erfolg mit **Band 3** von ALFREDS KLAVIERSCHULE FÜR KINDER wünschen dir **DOGGi und seine Freunde!**

ONLINE AUDIO
Note the code:

Zum Lieferumfang dieses Buches gehört eine **CD**. Solltest du **keinen CD-Player** besitzen, kannst du dir die Audiodateien auf **unserer Website** downloaden:

alfredmusic.de/ downloads:

Dein Password:
3943638324

Hol dir auch das SPIELBUCH zu Alfreds Klavierschule für Kinder!

Im **Spielbuch** findest du noch weitere interessante Spielstücke zu Band 1 und Band 2 dieser Klavierschule für Kinder!

Das Spielbuch
ISBN: 978-3-943638-36-3

Band 1
ISBN: 978-3-943638-30-1

Band 2
ISBN: 978-3-943638-31-8

Band 3
ISBN: 978-3-943638-32-5

Impressum

Deutsche Übersetzungsausgabe:
Alfreds Klavierschule für Kinder Band 3
Übersetzt und für den deutschen Markt adaptiert von:
Michaela Paller
© 2018 by Alfred Music Publishing GmbH
All rights reserved.
Printed in Germany.
alfredmusic.de | alfredverlag.de

Best.-Nr.: 20201G
ISBN-10: 3-943638-32-4
ISBN-13: 978-3-943638-32-5

Amerikanische Originalausgaben:
Alfred's Basic All-in-One Course Universal Edition
Auszüge aus Book 3 / Book 4 / Book 5
by Amanda Vick Lethco | Morton Manus | Willard A. Palmer
© 1994/1995 by Alfred Music
Best.-Nr.: 14506 | UPC 03808112503 (Book 3)
Best.-Nr.: 14517 | UPC 03808112995 (Book 4)
Best.-Nr.: 14518 | UPC 03808112996 (Book 5)
All rights reserved.
alfred.com

Illustrationen:
Jeff Shelly (Doggi-Figur auf S. 2, 4, 5, 6, 8, 10, 12, 42)
Christine Finn (Coverillustration und alle übrigen Illustrationen im Inhalt)
Layout, Lektorat und Produktionsleitung:
Thomas Petzold
Notensatz: Gina Ries, Oliver Wood und Thomas Petzold

Inhalt

TITEL	SEITE	CD
Herzlich Willkommen	4	
Das Ottava-Zeichen (*8va*)	4	
Konzert-Zeit	4	1
Das Ottava bassa-Zeichen (*8vb*)	5	
Wer nur?	5	2
**DIE ACHTELPAUSE (𝄾)	EINZELNE ACHTELNOTEN (♪)**	6	
Das ♭-Vorzeichen am Zeilenanfang	6	
Der Zauberer	6	3
Das loco-Zeichen	8	
Was für ein Zug?	8	4
Die Punktierung	10	
Die punktierte halbe Note (𝅗𝅥.)	10	
Die punktierte Viertelnote (♩.)	10	
Alouette	11	5
Das Auflösungszeichen (♮)	12	
Ode an die Freude	12	6
DIE DAUMENLAGE D	13	
In der Prärie	13	7
Konzertstück: Die größte Show der Welt	14	8
Nächtliche Klänge	16	9
Unsere Planeten	17	10
DER LAGENWECHSEL IN DER RH	18	
Sonatine	18	11
Das ♯-Vorzeichen am Zeilenanfang	19	
Marsch	20	12
DER LAGENWECHSEL IN DER LH	21	
Französisches Wiegenlied	21	13
Beim Fußballspiel	22	14
Quiz: UFO-Identifizierung	24	
Konzertstück: Ouvertüre aus der Oper Wilhelm Tell	25	15
Das Intervall Sexte	26	
Sexten-Warm-Ups	27	
Lavendel	27	16
Was werd ich wohl sein?	28	17
Konzertstück: Kum-ba-yah!	29	18
Warm-Up 1 RH	30	
Warm-Up 2 RH	30	
Wir rocken in Sexten	31	19
Die Sexte in der G-Lage	32	
Tanz aus dem 18. Jahrhundert	33	20
Finger spreizen – Hand verengen	34	
Warm-Up RH	34	
Warm-Up LH	34	
Super-Boogie	35	21
Warm-Up RH	36	
Konzertstück: Etüde in Sexten	36	22
Sternenwalzer	37	23

TITEL	SEITE	CD
FINGERÜBERSATZ UND DAUMENUNTERSATZ	38	
Übung mit Fingerübersatz und Daumenuntersatz für die RH	38	
Übung mit Fingerübersatz und Daumenuntersatz für die LH	38	
Sur le pont d'Avignon	39	24
Finger-Fitness	40	25
Variationen über ein Mozart-Thema	41	26
NEUE DYNAMIK-ZEICHEN:		
**FORTISSIMO *ff*	PIANISSIMO *pp***	42	
Konzertstück: Malagueña	42	27
Quiz: Für Musik-Detektive	44	
Das Intervall Septime	45	
Septimenwalzer	46	28
Intervall-Polka	47	29
Mozart Sonate (Thema)	48	30
Clementine	49	31
Zauberübung Fingerkreuzen 1	50	32
Zauberübung Fingerkreuzen 2	50	33
Zauber-Jogging	51	34
Warm-Up Punktierter Rhythmus	52	
Serenade in Mexiko	52	35
Das Intervall Oktave	54	
Konzertstück: Can-Can	55	36
Ragtime Man	56	37
Alberti-Etüde	57	38
Abschlusskonzert: Großes Finale	58	39
ANHANG: TONLEITERN UND DREIKLÄNGE	60	
Von C bis C: Die C-Dur-Tonleiter	60	
C-Dur-Spaziergang	61	40
Ab und auf in C-Dur	61	41
Von A bis A: Die A-Moll-Tonleiter	62	
A-Moll-Spaziergang	63	42
Ab und auf in A-Moll	63	43
Dreiklänge	64	
Die Dreiklänge der C-Dur-Tonleiter	64	
Die Dreiklänge der A-Moll-Tonleiter	64	
Die wichtigsten Dreiklänge	65	
Akkordverbindungen	Kadenz	65	
Dreiklänge und ihre Umkehrungen	66	
Final-Blues	67	44
URKUNDE	68	

Herzlich Willkommen zu Band 3!

Wie schön, dass wir dich in diesem 3. Band von ALFREDS KLAVIERSCHULE FÜR KINDER wieder treffen. Los geht's mit einem tollen Klavierstück zur Begrüßung:

5-FINGERLAGE G HOCH

8va: Bei einem **8va-Zeichen** (Ottava-Zeichen) über den Noten spielst du EINE OKTAVE HÖHER als notiert. BEACHTE: Nur wenn der Zusatz „Beide Hände" ergänzt ist, spielst du mit beiden Händen eine Oktave höher.

Konzert-Zeit Musik: Lethco/Palmer/Manus

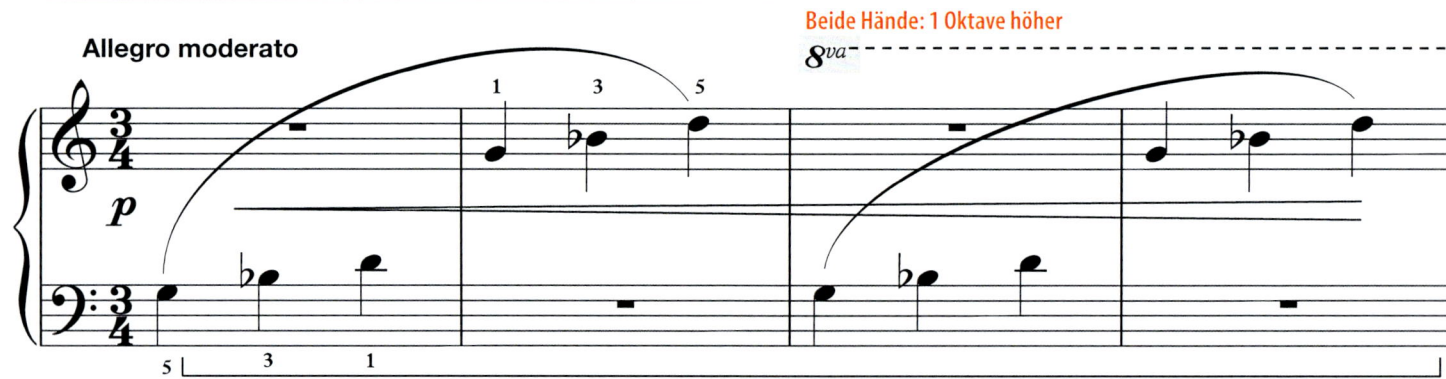

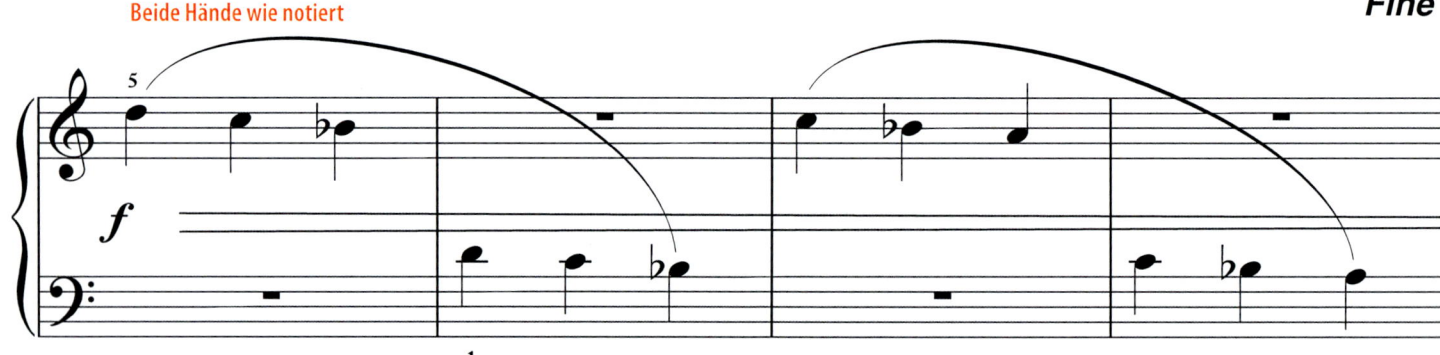

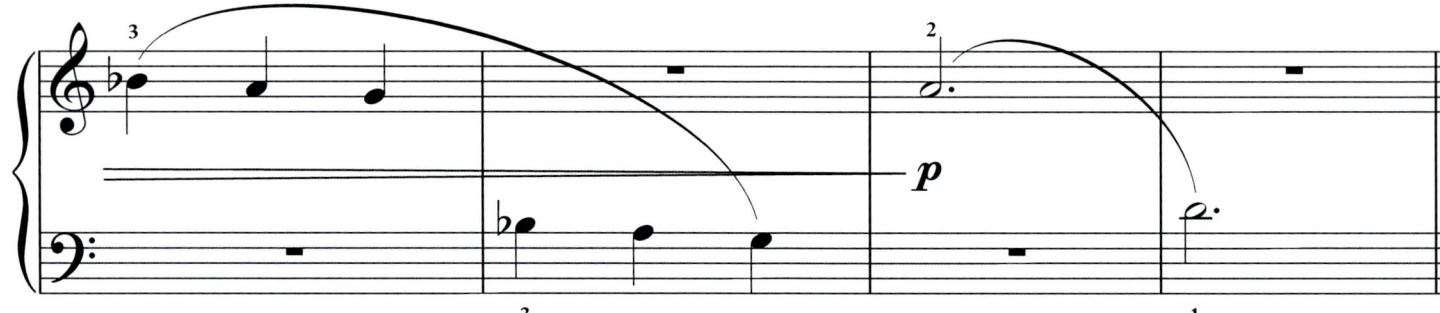

HINWEIS: Ottava [ital. für Oktave]

8vb: Bei einem **8vb-Zeichen** (Ottava bassa-Zeichen) unter, manchmal auch über den Noten spielst du EINE OKTAVE TIEFER als notiert. Nur wenn „Beide Hände" ergänzt ist, spielst du mit beiden Händen eine Oktave tiefer.

Wer nur?

Musik: Lethco/Palmer/Manus
Dt. Text: Michaela Paller

CD 02

Beide Hände: 1 Oktave tiefer

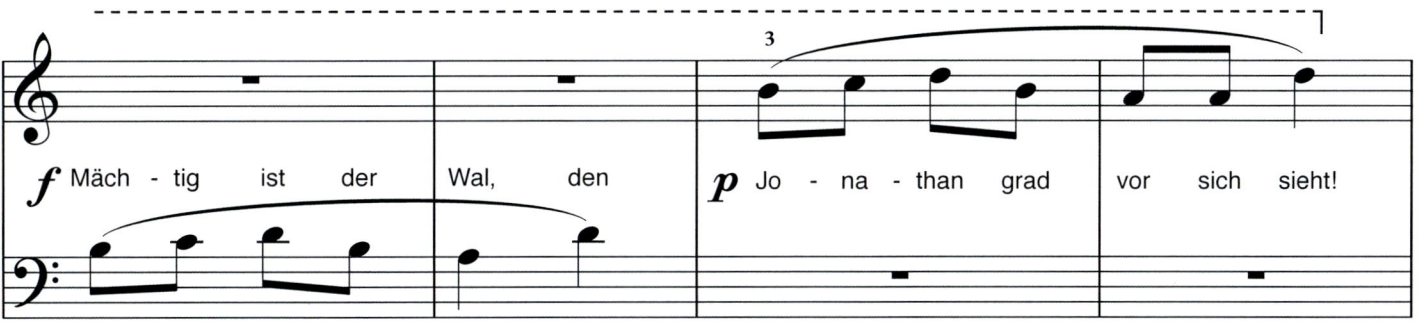

Beide Hände wie notiert

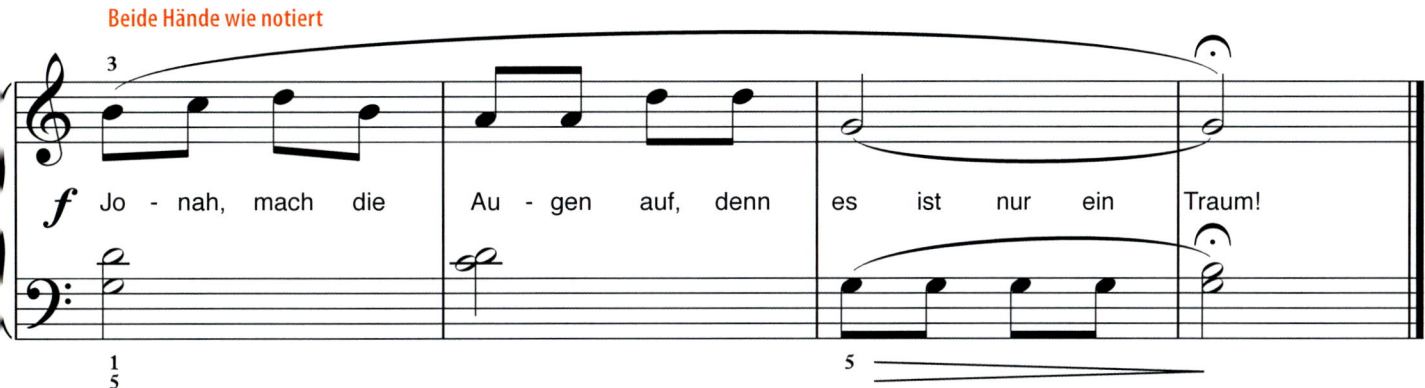

Achtelpause

Das ist die ACHTELPAUSE. Sie ist das Zeichen für Stille und ist genau so lang wie eine ACHTELNOTE.

Einzelne Achtelnoten

EINZELNE ACHTELNOTEN schauen so aus:

 Eine EINZELNE ACHTELNOTE findet man oft in Kombination mit einer Achtelpause.

Aufgabe:
Wie zählt und schreibt man? Vervollständige die Zeile:

Die Lösungen findest du online auf
www.klavier-fuer-kinder.de.

Zähle: Eins und ....
Schreibe: 1 + ...

BEACHTE: Das **B-Vorzeichen** am Anfang der Notenzeilen bedeutet, dass du **B** statt H spielen sollst.

Der Zauberer

Musik: Lethco/Palmer/Manus
Dt. Text: Michaela Paller

♭-VORZEICHEN AM ZEILENANFANG*
JEDES H WIRD ZUM B!

5-FINGERLAGE G TIEF

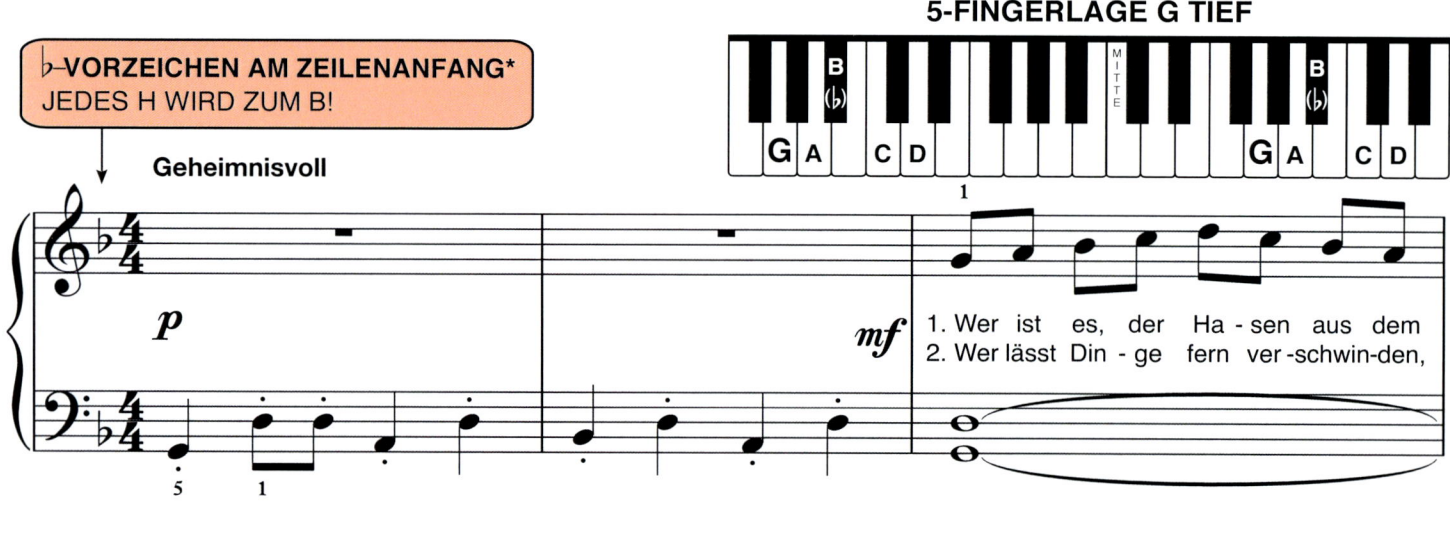

* FÜR DEN LEHRER: Ab *Seite 60* werden die Tonleitern eingeführt. Sie können flexibel entscheiden, ob bereits hier oder erst später die Tonleiter besprochen und geübt werden soll.

DIE PUNKTIERUNG

Ein PUNKT hinter einer Note verlängert diese um die **Hälfte** ihrer eigenen Länge.

Eine **punktierte halbe Note** ist genauso lang wie eine halbe Note und eine Viertel, die mit einem Haltebogen verbunden sind.

2 SCHLÄGE + 1 SCHLAG = 3 SCHLÄGE

Eine **punktierte Viertelnote** ist genauso lang wie eine Viertelnote und eine Achtel, die mit einem Haltebogen verbunden sind.

1 SCHLAG + ½ SCHLAG = 1 ½ SCHLÄGE

Übe diesen Rhythmus: Klatsche EINMAL für jede Note und zähle laut dazu.

Zähle: Eins - und - zwei, und, eins - und - zwei, und.
Oder: Vier - tel- halt, und, Vier - tel- halt, und.

Der einzige Unterschied zu dieser Zeile ist die Schreibweise. Beide Zeilen werden genau gleich gespielt.

Zähle: Eins - und - zwei, und, eins - und - zwei, und.
Oder: Vier - tel - punkt, und, Vier - tel - punkt, und.

Im 2/4-, 3/4- oder 4/4-Takt folgt auf eine punktierte Viertelnote meist eine Achtelnote ♪ oder eine Achtelpause ₇.

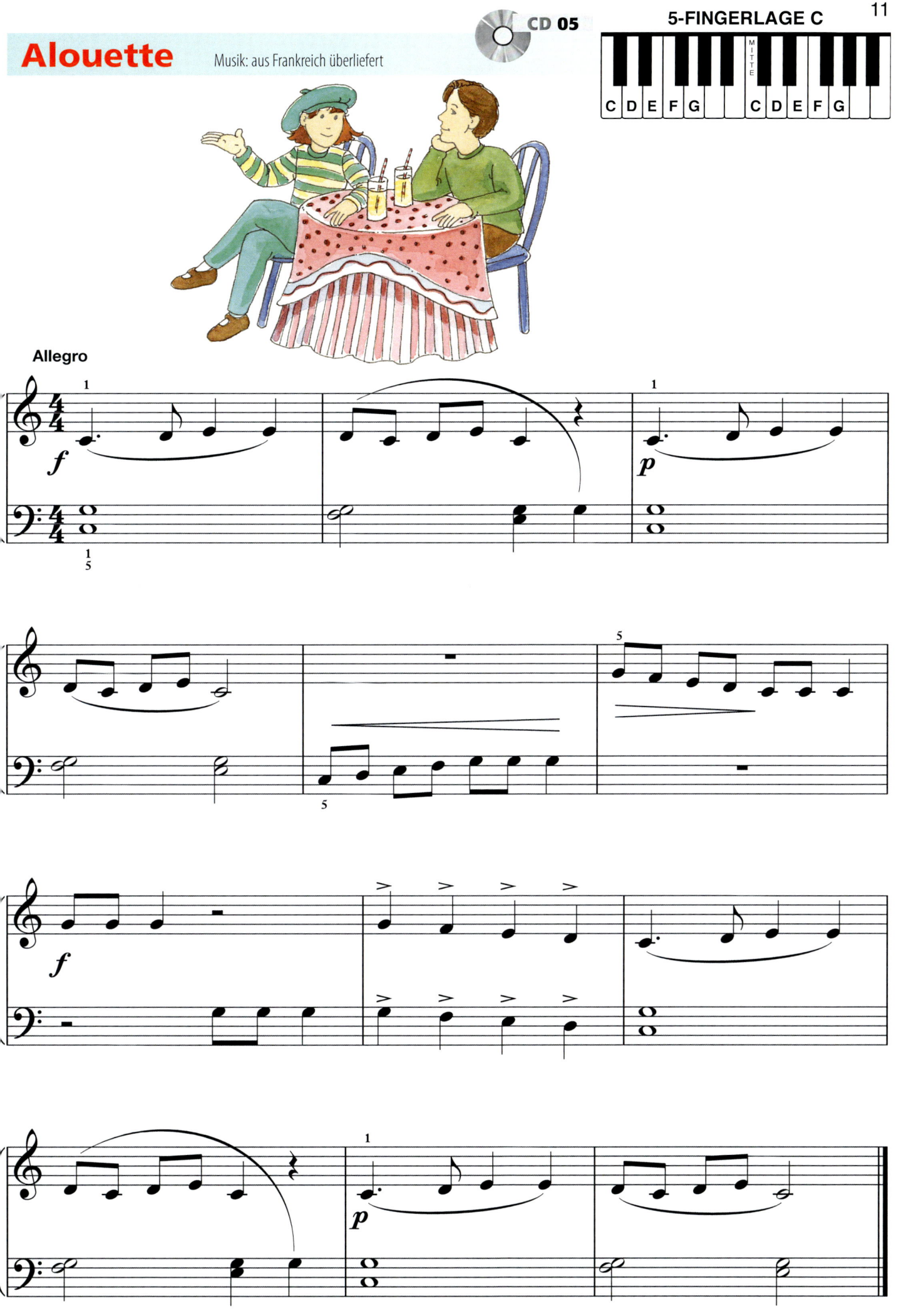

12

Das nächste Stück von **Ludwig van Beethoven** hast du im ersten Band dieser Klavierschule schon einmal in einer sehr einfachen Version gespielt. Wenn du diese Version hier gut spielen kannst, spiele es noch einmal aus Band 1. Hörst du den großen Unterschied? ☺

Auflösungszeichen

Das ist ein AUFLÖSUNGSZEICHEN. Es löst alle Kreuz- und B-Vorzeichen wieder auf. Du spielst den ursprünglichen Ton.

Jetzt weißt du, wie viel du in der Zwischenzeit schon gelernt hast.

Übe vorab die *Zeilen 3 und 4* mit der LH alleine. Hier wechselt die Handposition: Der 3. Finger der LH „wandert" zum G.

Aufgabe:
Wie heißt das Vorzeichen, das du mit der LH in der 3. Zeile spielst?

CD 06

Ode an die Freude   Musik: Ludwig van Beethoven (1770–1827)

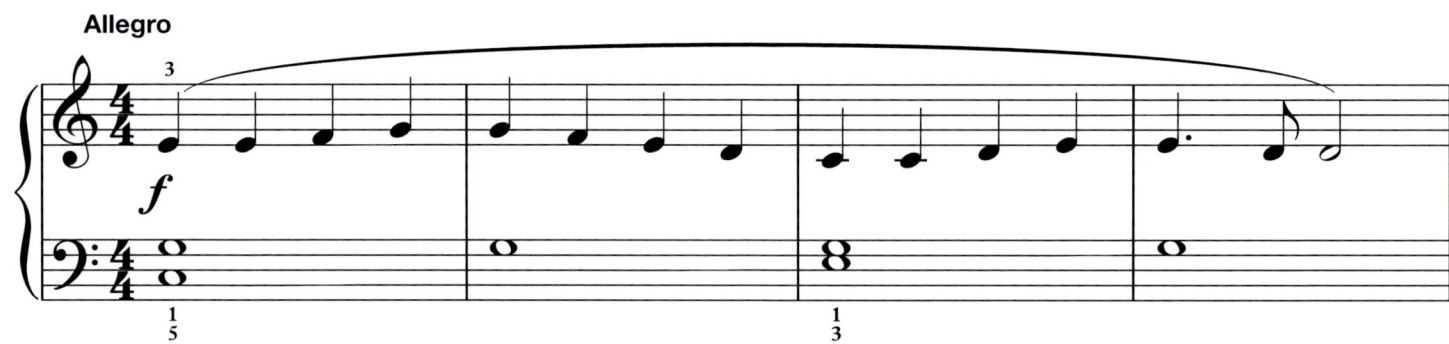

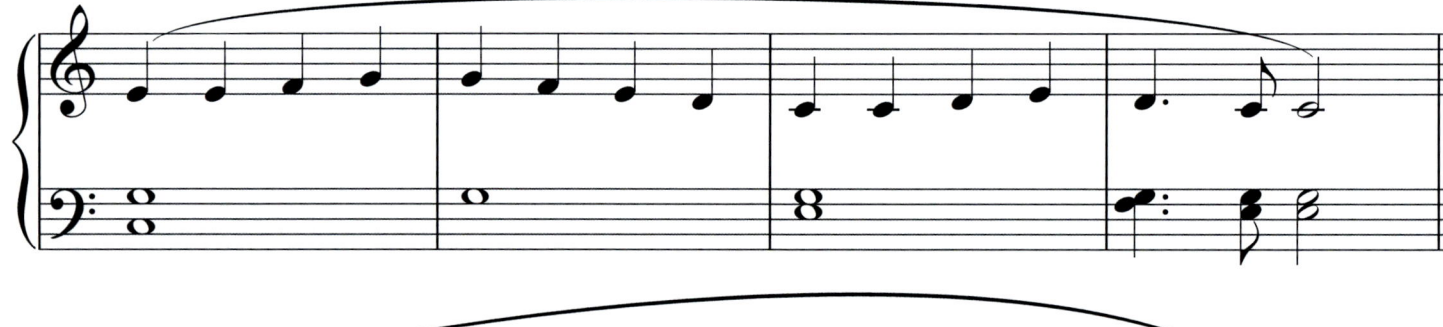

Konzertstück:
Die größte Show der Welt

Musik: Lethco/Palmer/Manus
Dt. Text: Michaela Paller

Dies ist ein tolles Konzertstück. Da es etwas länger ist als die meisten deiner anderen Stücke, musst du gut üben und dich konzentrieren.

Lass dir am Anfang bei den drei Fermate-Zeichen viel Zeit. Das erhöht die Spannung und macht deine Zuhörer neugierig.

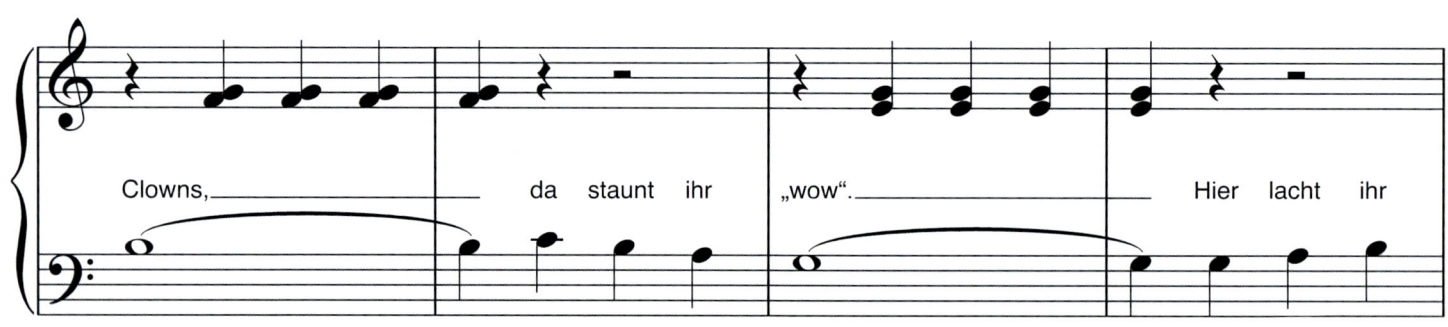

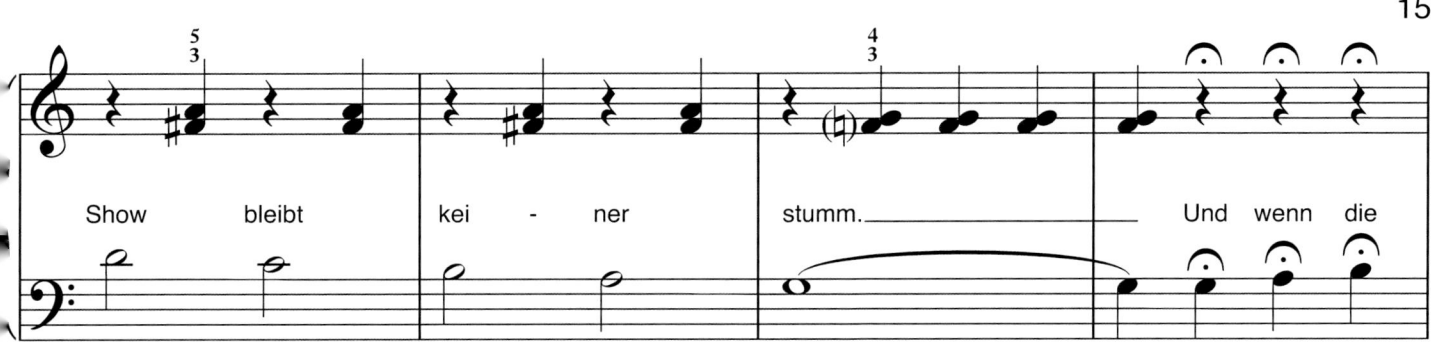
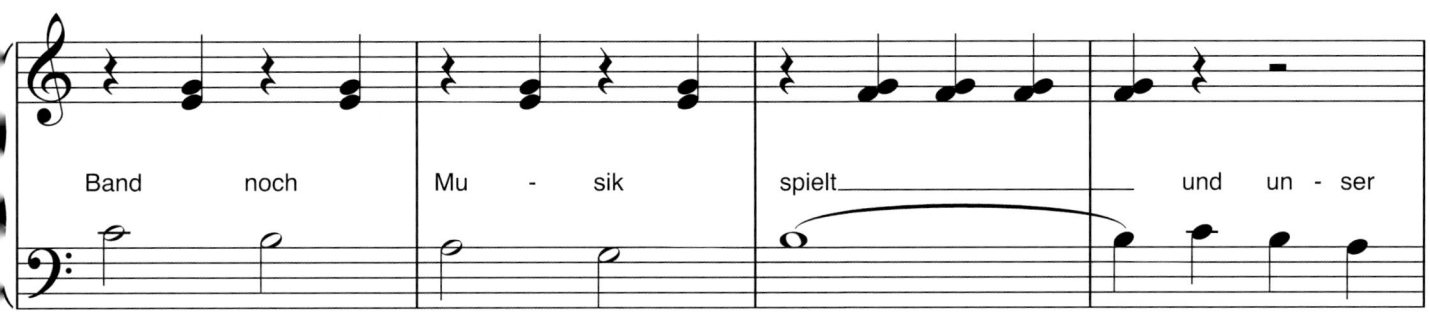

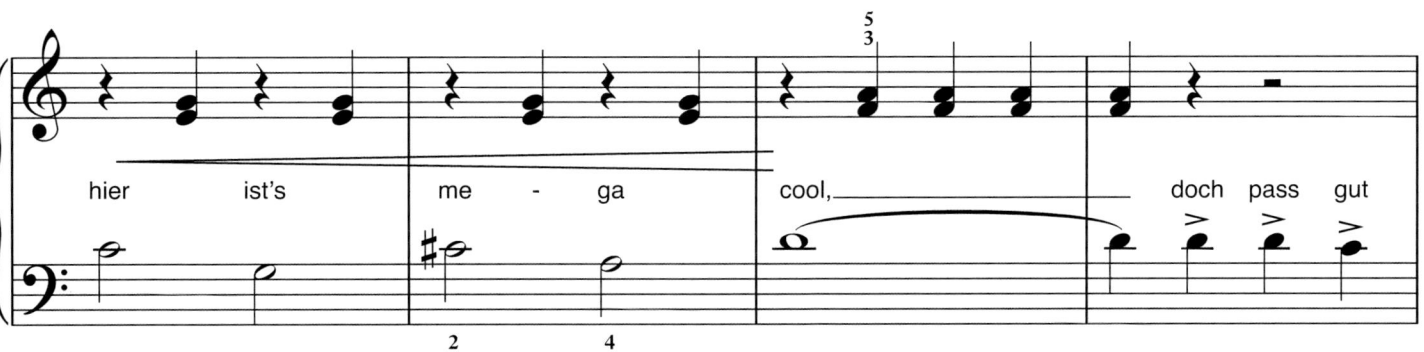
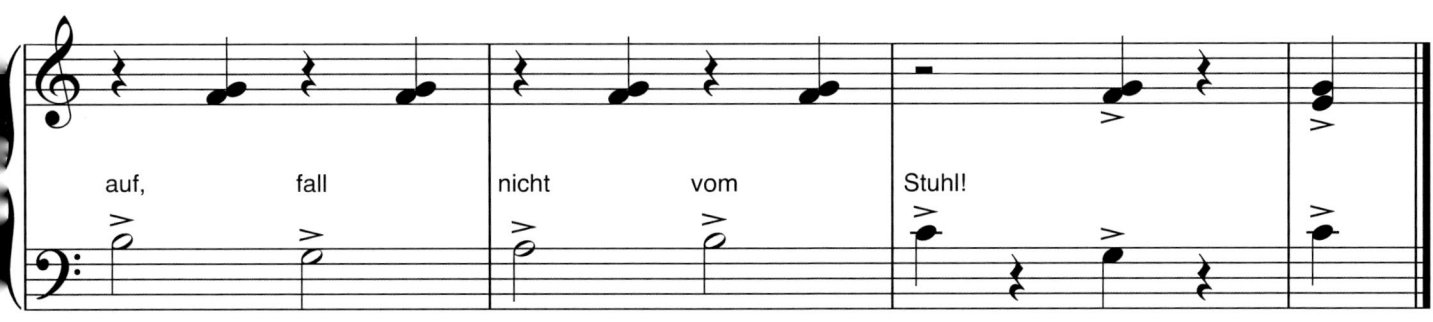

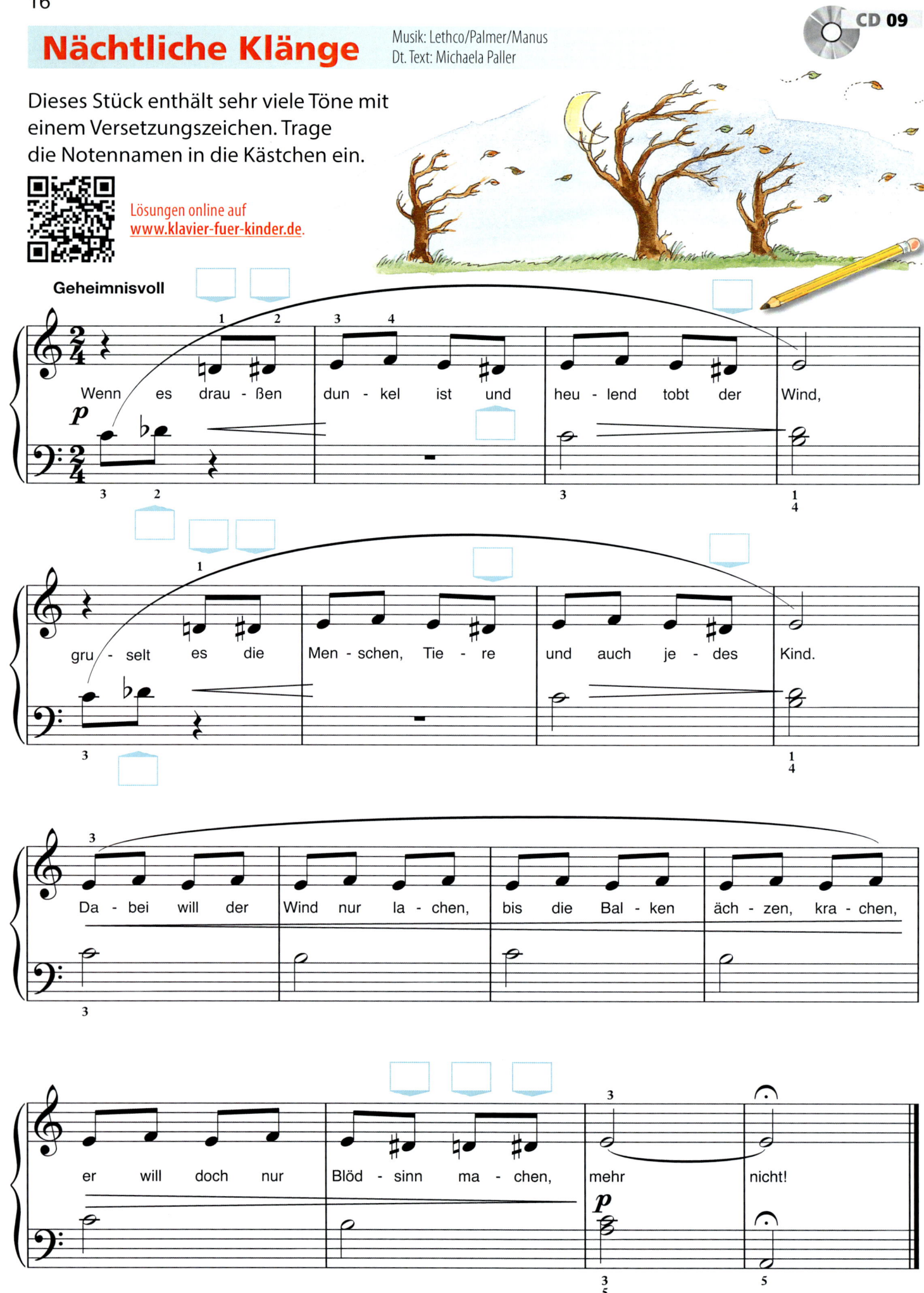

Unsere Planeten

Musik: Lethco/Palmer/Manus
Dt. Text: Michaela Paller

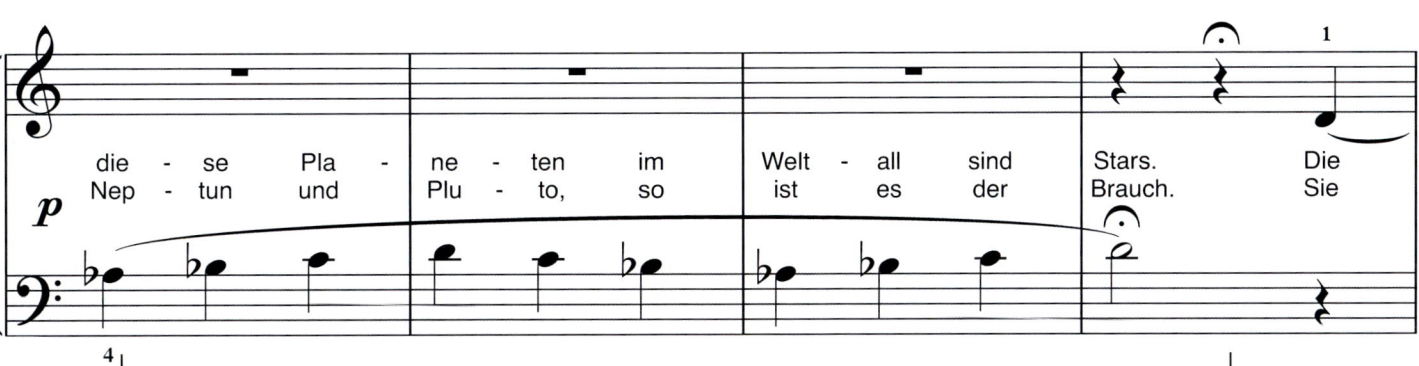

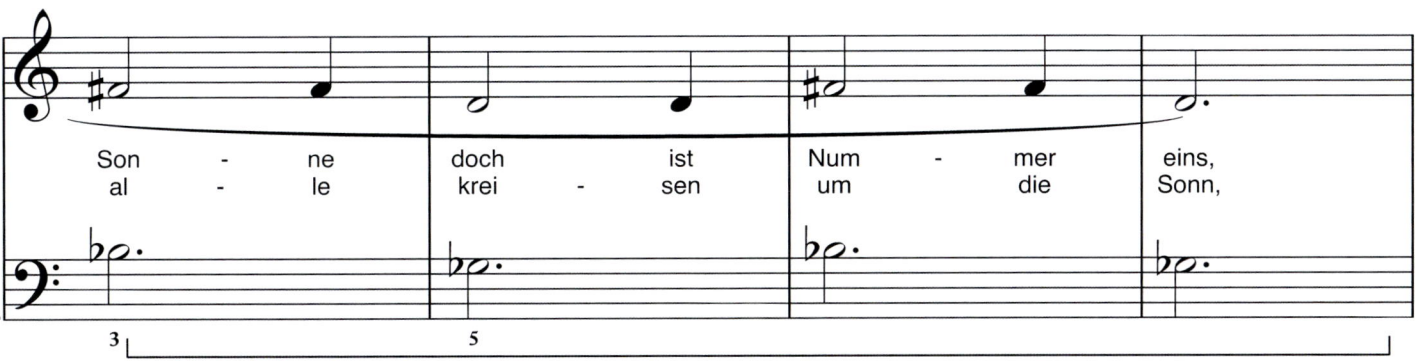

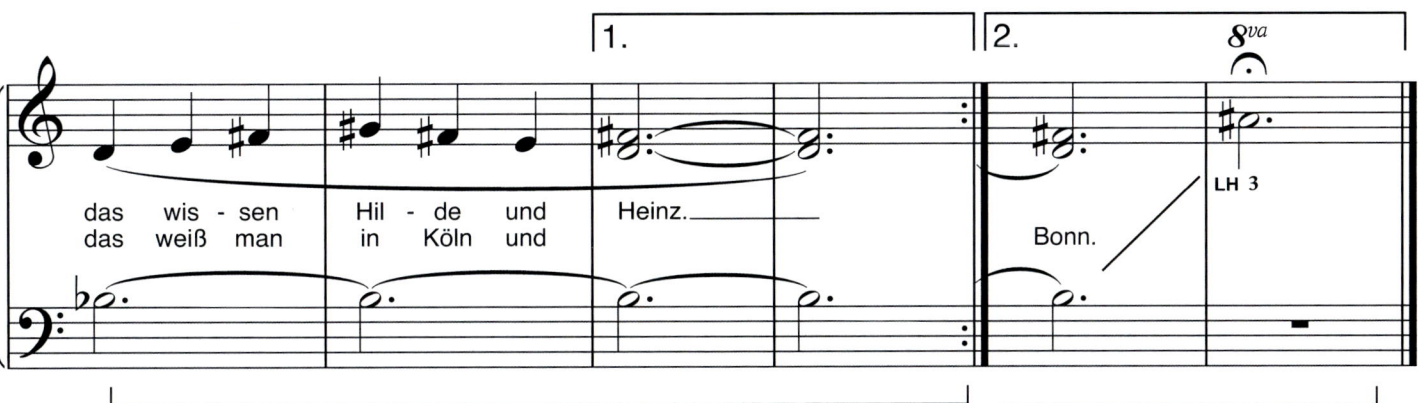

Lagenwechsel in der RH

LH 5-FINGERLAGE C   **RH 5-FINGERLAGE C**   **RH 5-FINGERLAGE G**
                           Notenzeilen 1–4   Notenzeilen 5 und 6

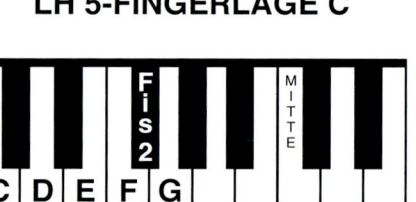  

Das nächste Stück beginnt in der **5-Fingerlage C**, dann wechselt die RH zur **5-Fingerlage G**, wandert später aber wieder in die 5-Fingerlage C zurück.

BEACHTE: In den *Zeilen 5 und 6* findest du ein **Kreuzvorzeichen** am Anfang der Notenzeilen. Es bedeutet, dass du in den Zeilen 5 und 6 **Fis** statt F spielen sollst.

CD 11

Sonatine   Musik: Lethco/Palmer/Manus

HINWEIS: Eine **Sonatine** ist ein Instrumentalstück aus einem, zwei oder drei verschiedenen Stücken. Diese nennt man Sätze. Beginnt ein Satz in C-Dur, steht der 2. Teil häufig in G-Dur. Am Ende kehrt er wieder nach C-Dur zurück.

♯–VORZEICHEN AM ZEILENANFANG*
JEDES F WIRD ZUM FIS!

5-Fingerlage G

D.C. al Fine

* FÜR DEN LEHRER:
Im Anhang ab Seite 60 werden die Tonleitern eingeführt. Sie können flexibel entscheiden, ob bereits hier oder erst zu einem späteren Zeitpunkt die Tonleiter besprochen und geübt werden soll.

Marsch

Musik: Ernst Köhler (1836–1907)

Ernst Köhler war ein deutscher Organist und Pianist. Er komponierte mehrere Sinfonien, Kirchenlieder und zahlreiche Instrumentalstücke. Heutzutage ist er wegen seiner kurzen prägnanten Klavierstücke bekannt, die von Klavierschülern auf der ganzen Welt gespielt werden.

HINWEIS: Auch dieses Stück enthält Lagenwechsel in der RH. Du beginnst in der C-Lage, wechselst dann in die G-Lage, anschließend in die C-Lage, aber eine Oktave höher und schließlich noch einmal in die G-Lage, ebenfalls eine Oktave höher. Markiere dir die Lagenwechsel, indem du die jeweils erste Note in der neuen Lage umkreist. Üben lohnt sich, denn das Stück klingt einfach toll! ☺

Lagenwechsel in der LH

LH 5-FINGERLAGE G
Notenzeilen 1 und 2

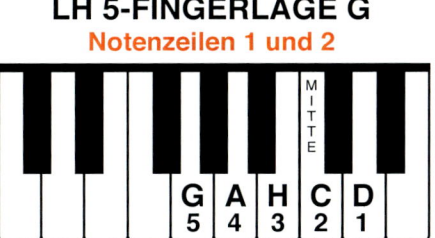

LH 5-FINGERLAGE C
Notenzeile 3

RH 5-FINGERLAGE G

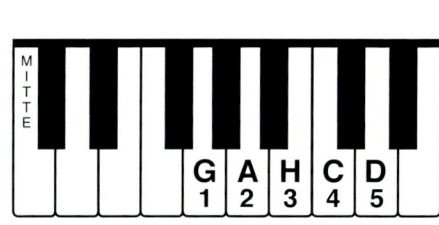

Das folgende Wiegenlied beginnt in der hohen **5-Fingerlage G**, dann wechselt die LH nach unten zur **5-Fingerlage C**, wandert später aber wieder in die 5-Fingerlage G zurück.

Französisches Wiegenlied
Musik: überliefert aus Frankreich

♯–VORZEICHEN AM ZEILENANFANG
JEDES F WIRD ZUM FIS!

Fine

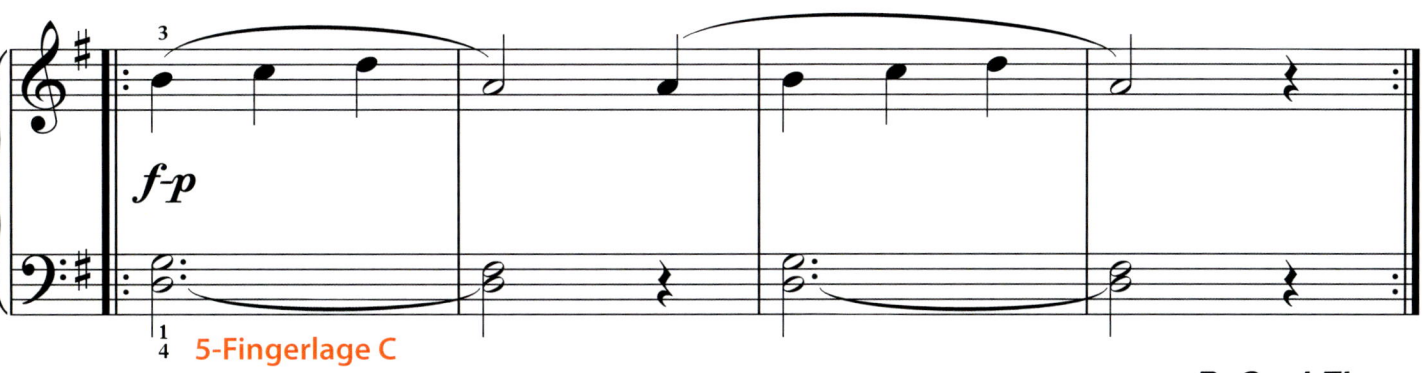

D. C. al Fine

Beim Fußballspiel

Musik: Lethco/Palmer/Manus
Dt. Text: Michaela Paller

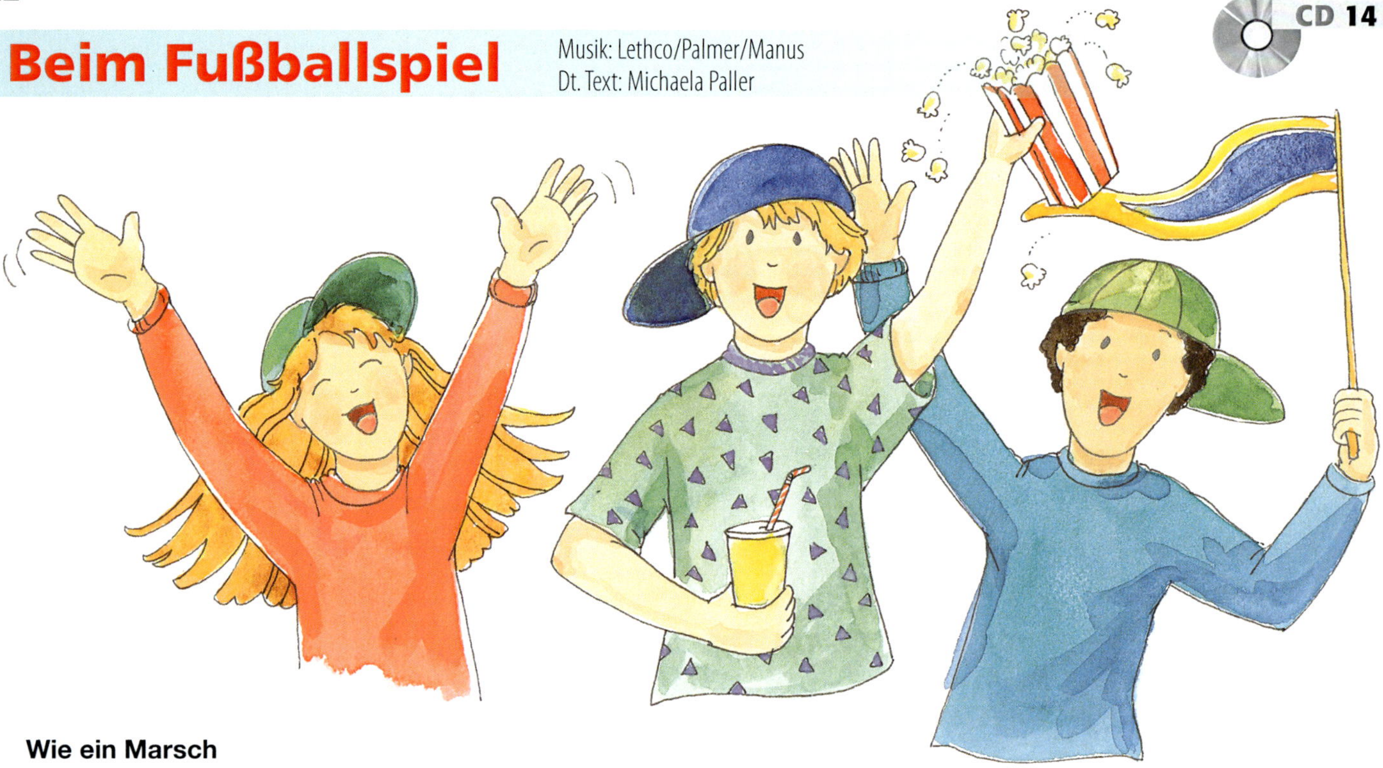

Wie ein Marsch

Daumenlage C

Je - der will hin zu dem Fuß - ball - spiel und al - le woll'n mit,

Daumenlage D

denn dort gibt's Pop - corn und Co - la viel, das macht die Fans fit.

Ich will da - bei sein, wenn mein Team siegt, dann schrei - e ich laut: „Tor!"

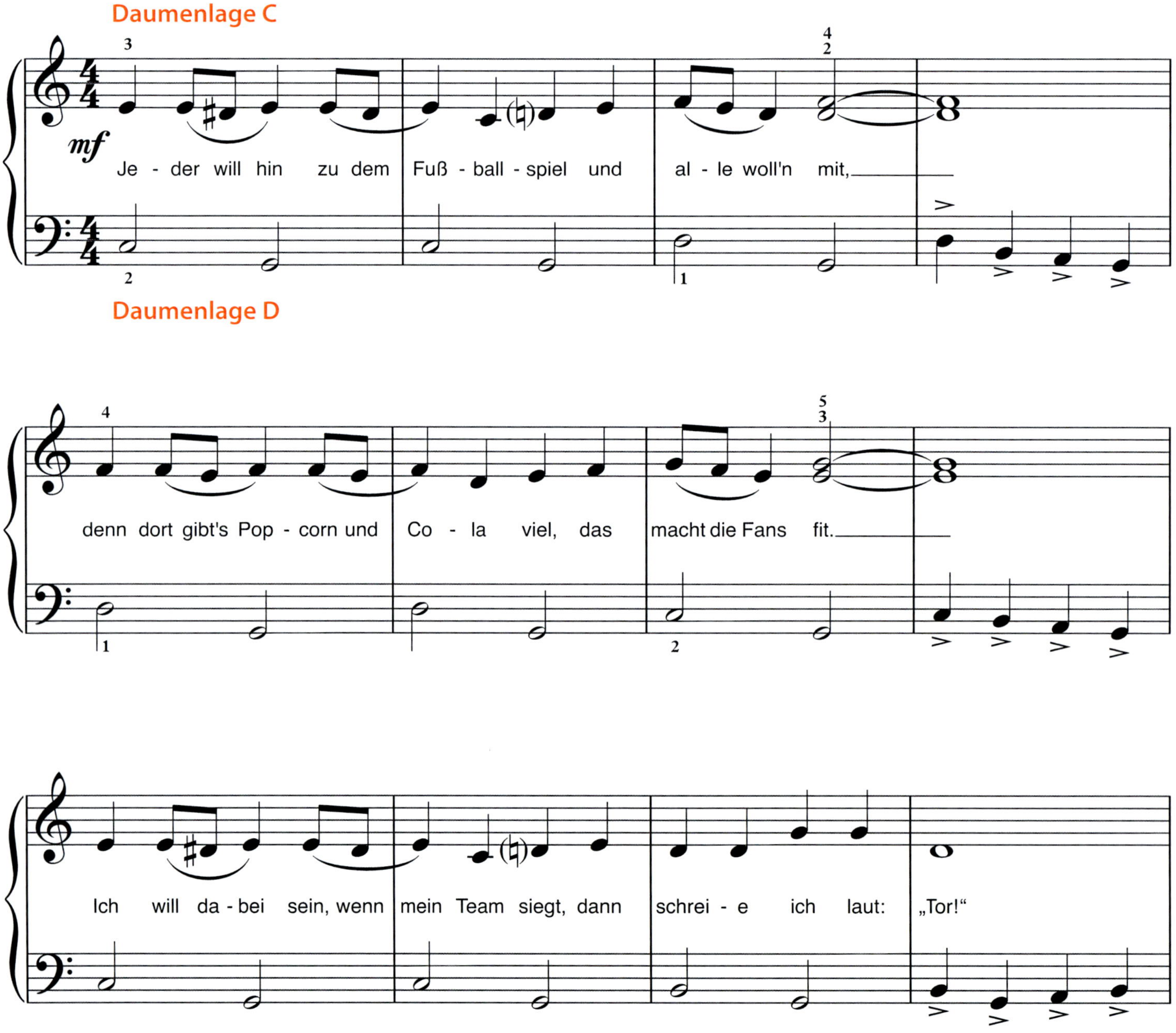

UFO-Identifizierung

Lösungen online auf
www.klavier-fuer-kinder.de.

Unbekannte Flugobjekte: Verändere die UFOs zu BFOs („Bekannte Flugobjekte"), indem du in jeden UFO-Anhänger den richtigen Namen schreibst.

Für jede Umwandlung eines UFOs in ein BFO erhältst du **100 Punkte**. Du kannst 600 Punkte erreichen.

Wenn du zudem diese beiden Fragen beantwortest, erhältst du **je 100 Punkte extra**:

1. $8va$------   bedeutet _____

2. _____   bedeutet _____

WIE VIELE PUNKTE HAST DU ERREICHT? _____

Konzertstück:
Ouvertüre aus der Oper Wilhelm Tell

Musik: Gioachino Rossini (1792–1868)

Hier ist ein besonderes Konzertstück, mit dem du deine Zuhörer begeistern kannst, denn einige werden die Melodie bestimmt kennen. Es sind Teile der Ouvertüre aus der Oper „**Wilhelm Tell**".

BEACHTE: Auch in diesem Stück gibt es einen **Lagenwechsel** von der **Daumenlage C** in die **Daumenlage D**. Bei *D.C. al Fine* geht es wieder zurück in die Daumenlage C.

HINWEIS: Eine *OUVERTÜRE* ist ein Musikstück, das ein größeres und längeres Werk für Orchester einleitet.

Das Intervall Sexte

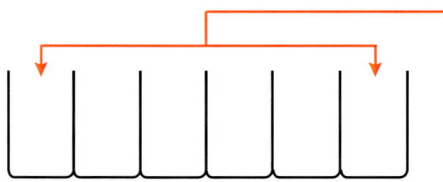
Wenn du 4 weiße Tasten überspringst, nennt man das Intervall **Sexte (6)**.

SEXTEN schreibt man von einer Liniennote bis zu einem Zwischenraum oder umgekehrt.

Spiele und sprich:

Auf - wärts Sext, ab - wärts Sext, auf - wärts Sext, ab - wärts Sext.

Auf - wärts Sext, ab - wärts Sext, auf - wärts Sext, ab - wärts Sext.

FÜNF FINGER können auch den größeren Abstand von SECHS TÖNEN spielen: C D E F G A.

Das ist die **5-Fingerlage C** in der **LH** *plus* der zusätzlichen **Note A**:

Das ist die **5-Fingerlage C** in der **RH** *plus* der zusätzlichen **Note A**:

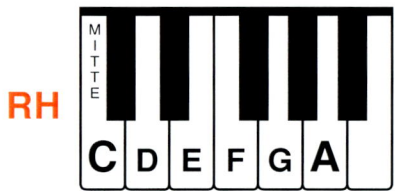

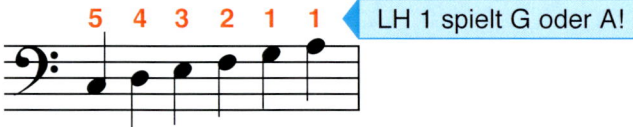
LH 1 spielt G oder A!

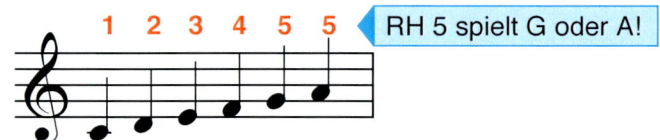
RH 5 spielt G oder A!

Sprich die Namen der Intervalle, während du sie spielst:

Melodische Intervalle:

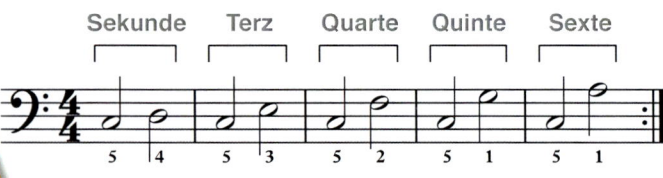

Harmonische Intervalle:

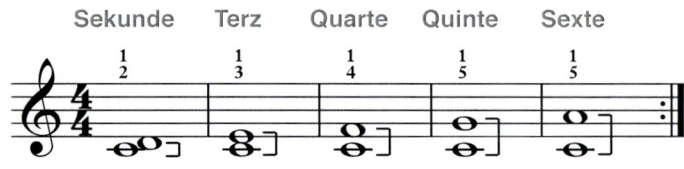

1. Schreibe die Notennamen in die Kästchen, spiele die Zeile und sprich die Intervalle dazu:

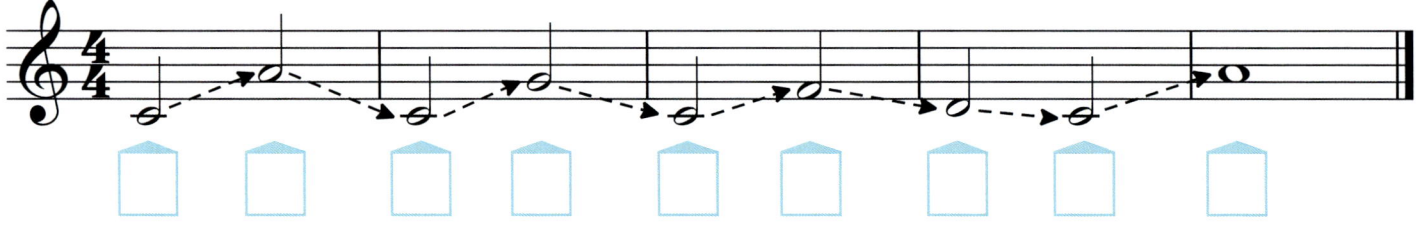

2. Male in jeden Takt die Note für das angegebene Intervall (aufwärts) als halbe Note.
   In welche Richtung zeigen die Notenhälse?

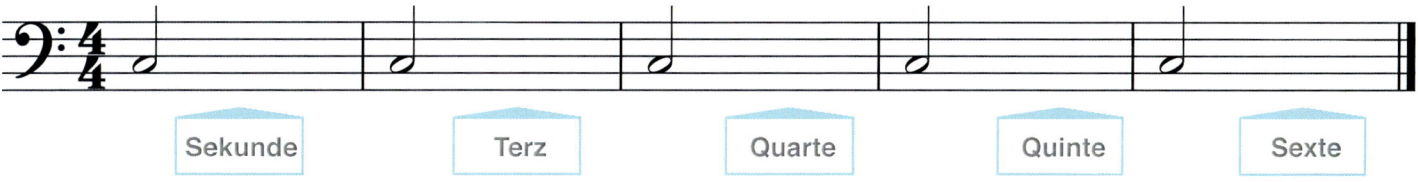

| Sekunde | Terz | Quarte | Quinte | Sexte |

Sexten-Warm-Ups

Lösungen und Hörbeispiel online auf
www.klavier-fuer-kinder.de.

Spiele diese *Warm-Ups* mehrmals hintereinander, damit du fit für den Wechsel zwischen Quinten und Sexten bist:

 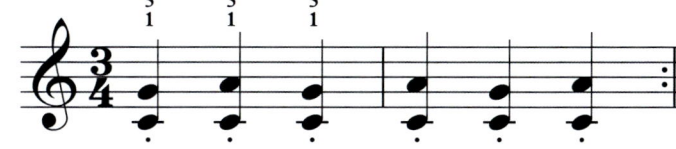

Umkreise im folgenden Stück alle Sexten:
Die melodischen und die harmonischen!

5-FINGERLAGE C plus Sexte

 CD 16

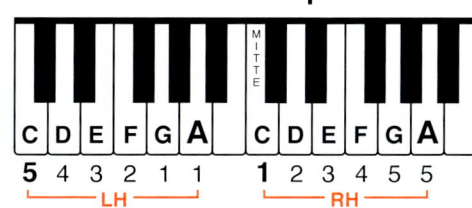

Lavendel
Musik: Lethco/Palmer/Manus
Dt. Text: Michaela Paller

Allegro moderato

mf Seht den La - ven - del, wie blüht er tief vi - o - lett.
Wär ich Prin - zes - sin, dann schenkt ich ihn mei - nem Prinz,

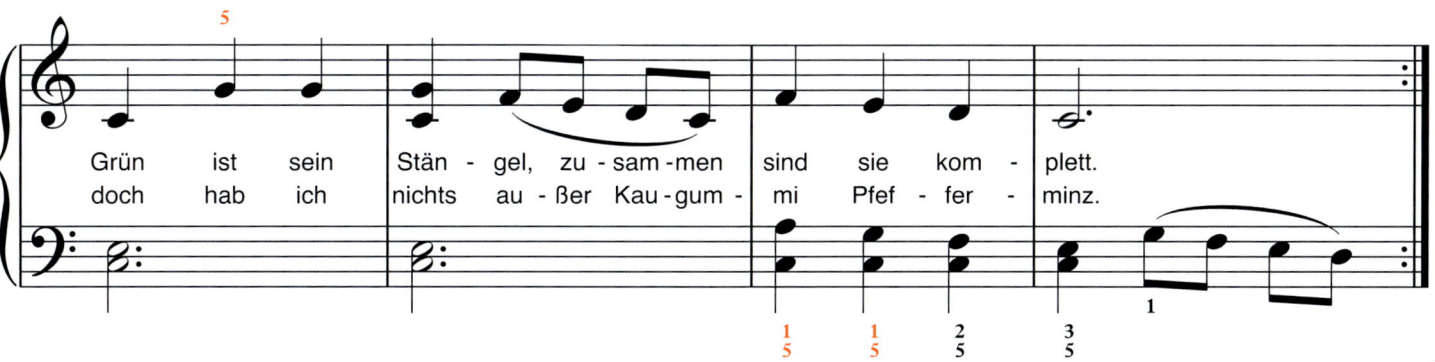

Grün ist sein Stän - gel, zu - sam - men sind sie kom - plett.
doch hab ich nichts au - ßer Kau - gum - mi Pfef - fer - minz.

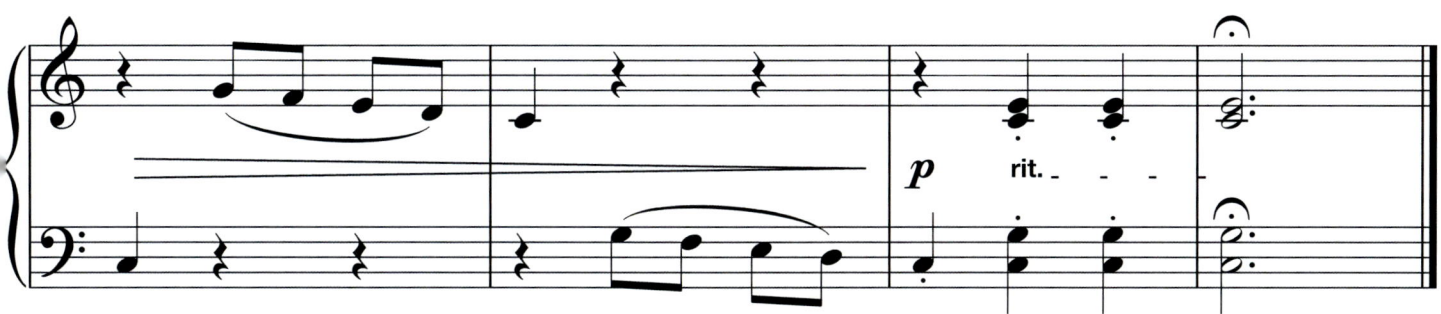

p rit.

Wenn du Sexten spielst, müssen deine Hände flexibel sein und sich immer wieder spreizen.

Spiele als *Warm-Up* die ersten *vier* Takte mit der LH mehrmals alleine.

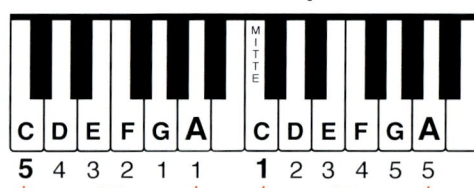

Was werd ich wohl sein?

Musik: Lethco/Palmer/Manus; Dt. Text: Michaela Paller

Allegro moderato

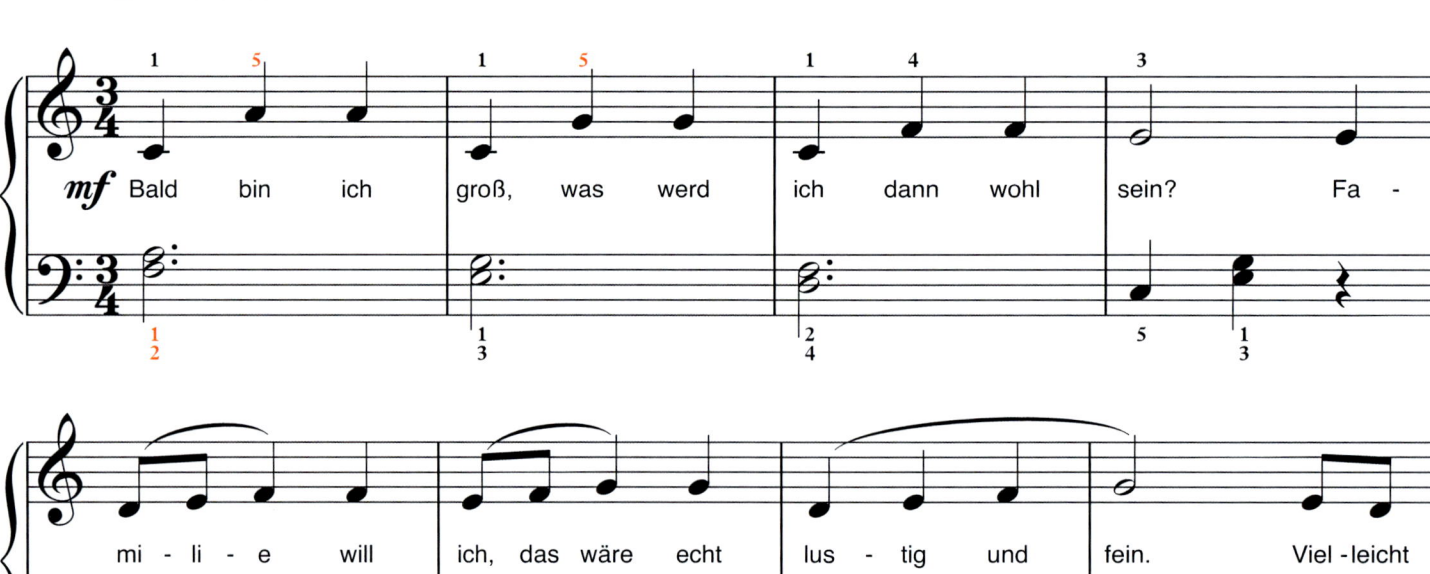

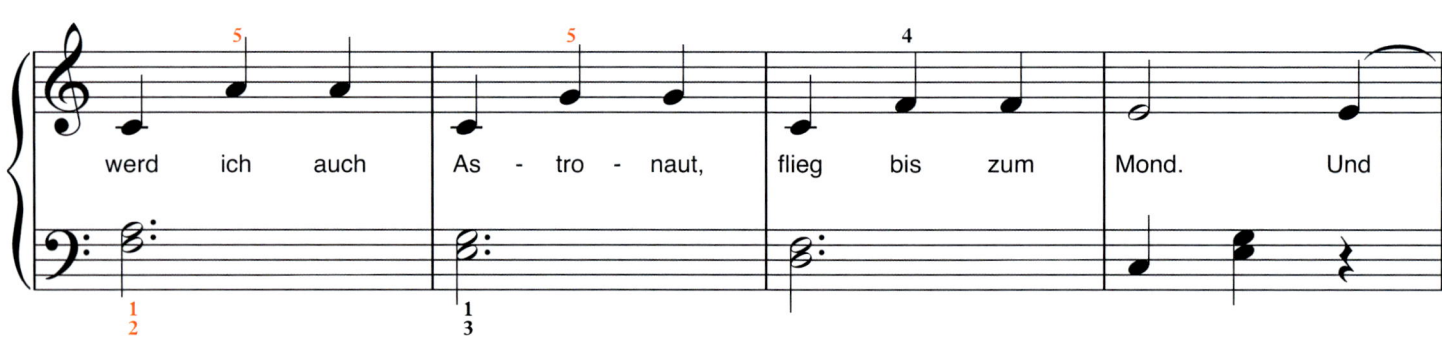

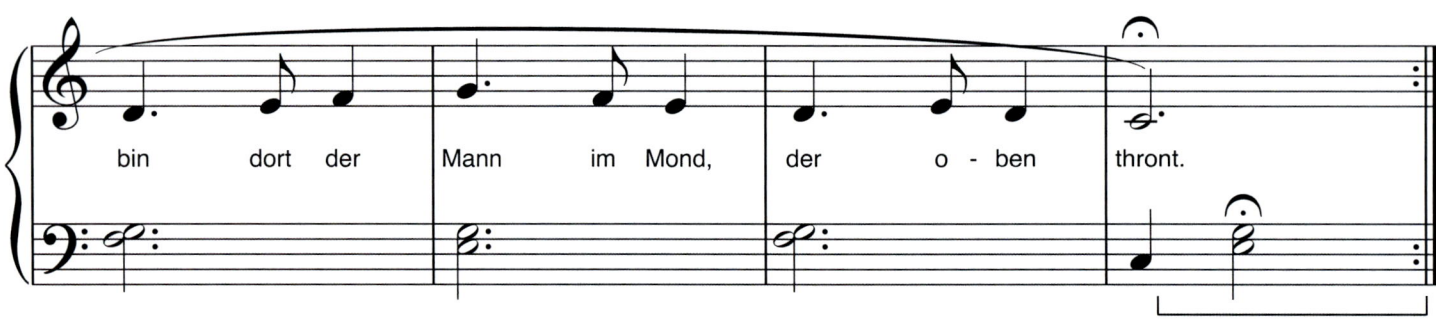

Dieses Konzertstück ist der Hit! Die Melodie ist bekannt und der Rhythmus geht ins Ohr: Da zuckt jedes Bein mit!

BEACHTE: Schau dir die Noten einmal genau an. Fällt dir auf, dass die Taktarten ständig zwischen 2/4 und 4/4 wechseln? Hier musst du beim Zählen gut aufpassen:

2/4 ZÄHLE: 1 – 2   4/4 ZÄHLE: 1 – 2 – 3 – 4   etc.

HINWEIS: *Kum-ba-yah* bedeutet so viel wie „Komm hier her". Es ist ein bekanntes Lied der Afro-Amerikaner, in dem sie Gott bitten, ihnen in ihrer Not zu helfen.

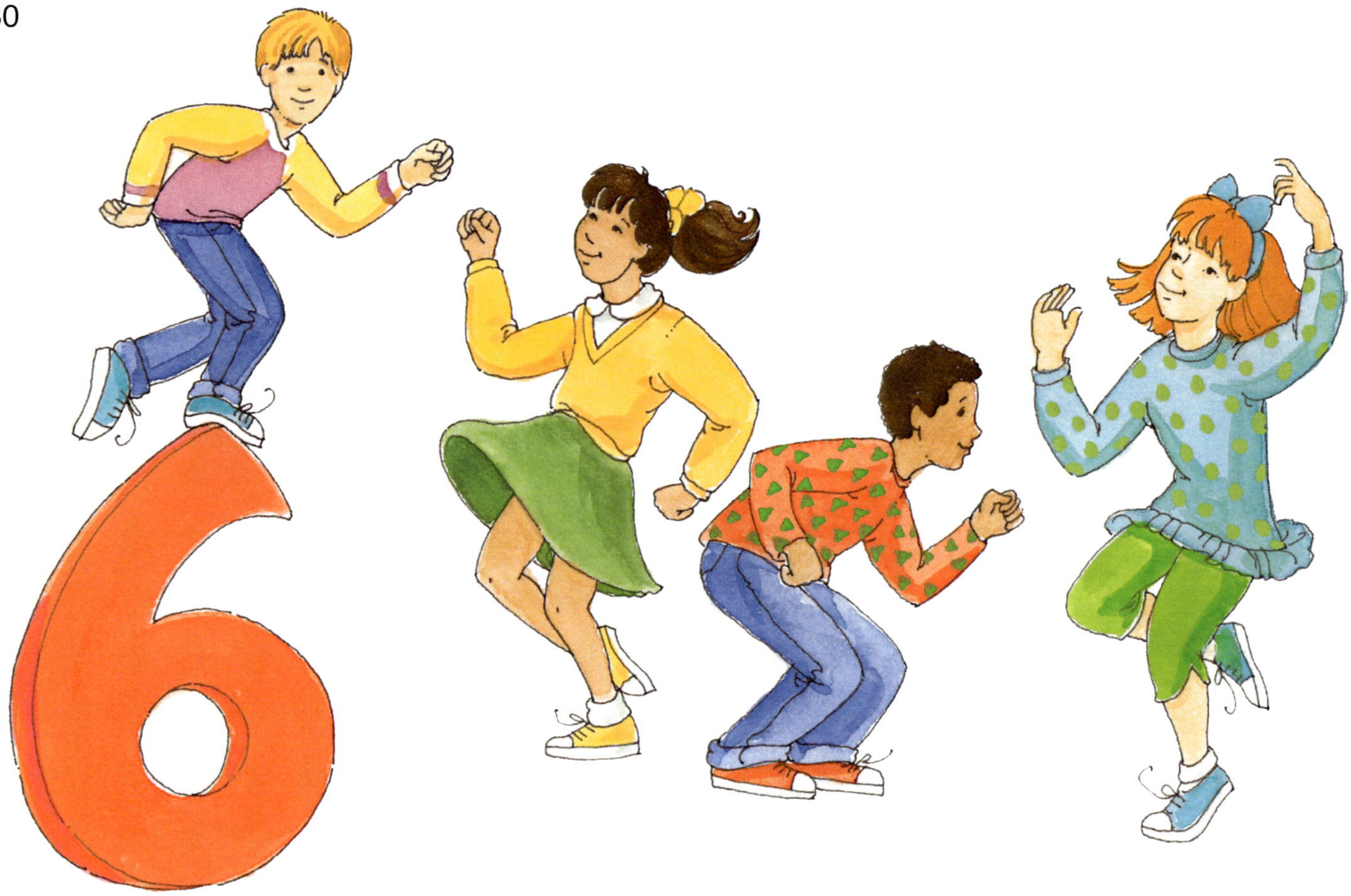

Spiele diese ***Warm-Ups*** für die **RH** mehrmals hintereinander. Zwischen dem 1. und 2. Finger der RH ist diesmal ein größerer Abstand und du musst die Finger etwas mehr spreizen.

Hörbeispiele online auf www.klavier-fuer-kinder.de.

Warm-Up 1 RH

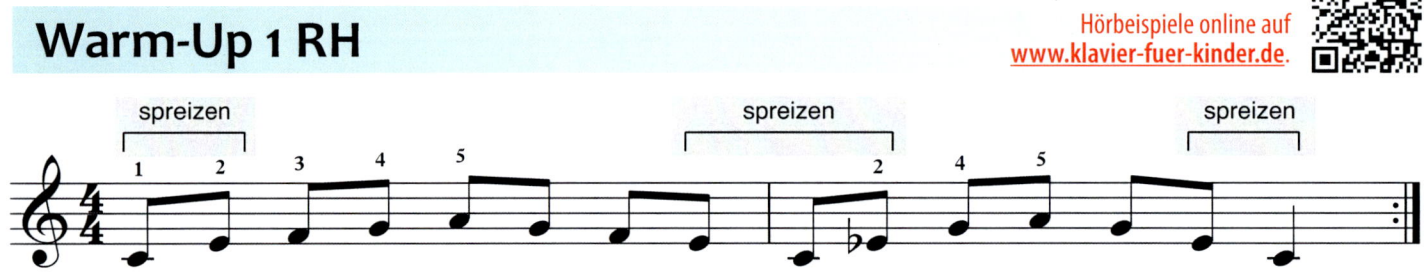

Warm-Up 2 RH

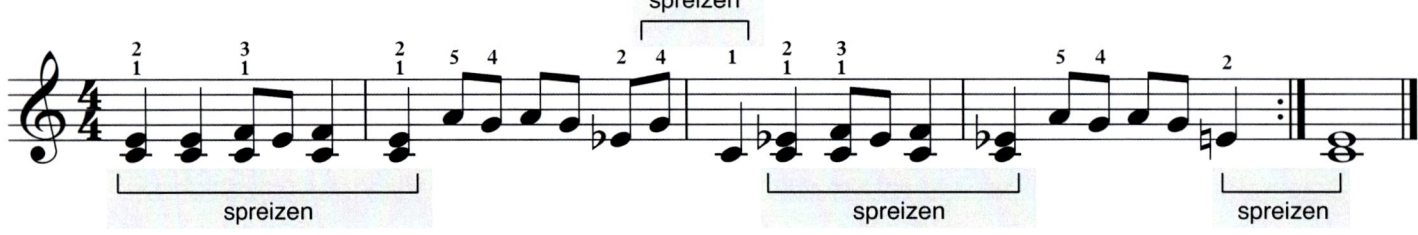

Welche zwei harmonischen Intervalle wechseln sich in der LH des nächsten Stücks ab?

____________________ und ____________________ .

Lösungen online auf www.klavier-fuer-kinder.de.

Die Sexte in der G-Lage

Sexten kommen in allen Lagen vor.
Jetzt üben wir sie in der **5-Fingerlage G**.

Das ist die **5-Fingerlage G** in der **LH** *plus* der zusätzlichen **Note E**:

Das ist die **5-Fingerlage G** in der **RH** *plus* der zusätzlichen **Note E**:

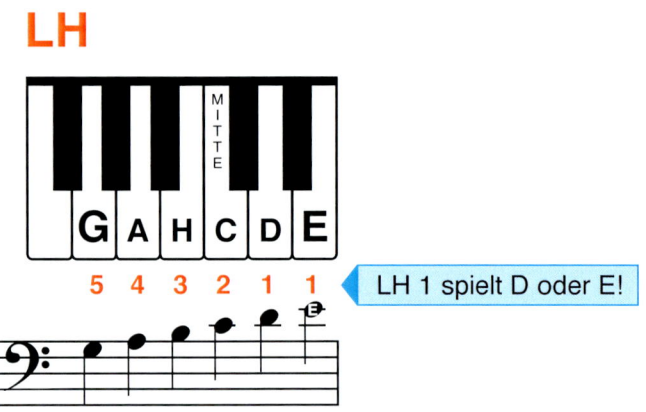
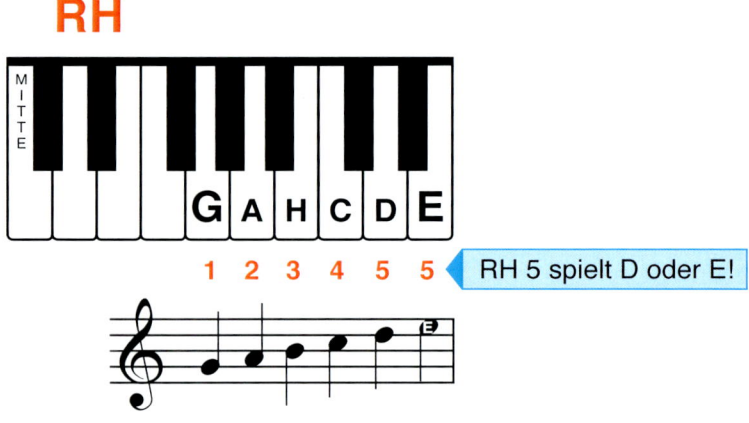

Sprich die Namen der Intervalle, während du sie spielst:

Melodische Intervalle: **Harmonische Intervalle:**

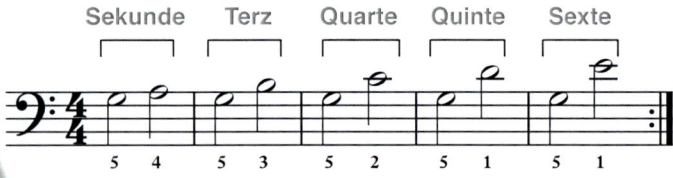
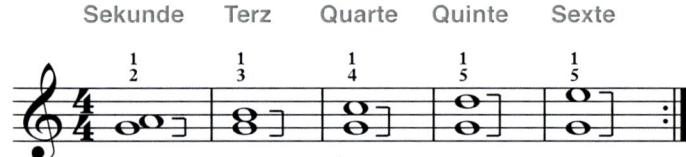

1. Schreibe die Notennamen in die Kästchen, spiele die Zeile und sprich die Intervalle dazu:

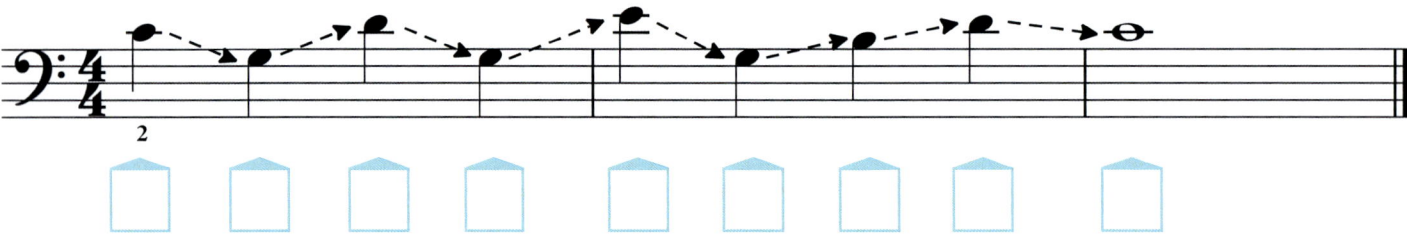

2. Male in jeden Takt die Note für das angegebene Intervall (aufwärts) als halbe Note.
   In welche Richtung zeigen die Notenhälse?

Lösungen online auf
www.klavier-fuer-kinder.de.

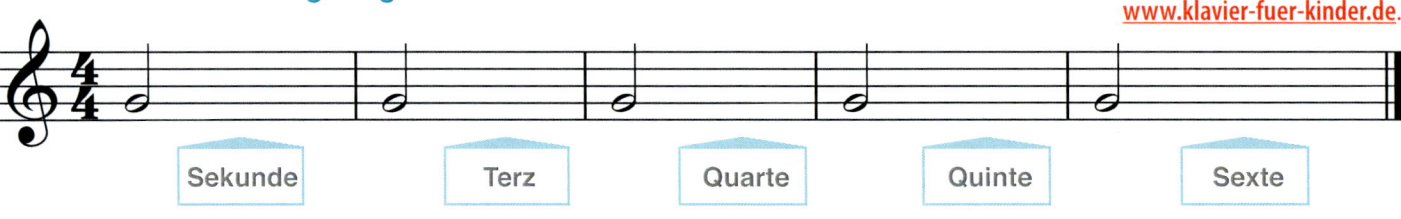

Tanz aus dem 18. Jahrhundert

Musik: Lethco/Palmer/Manus

Dies ist dein erstes Stück mit Sexten in der G-Lage. Achte gut auf die Fingersätze und übe zuerst jede Hand einzeln.

CD 20

Andante moderato

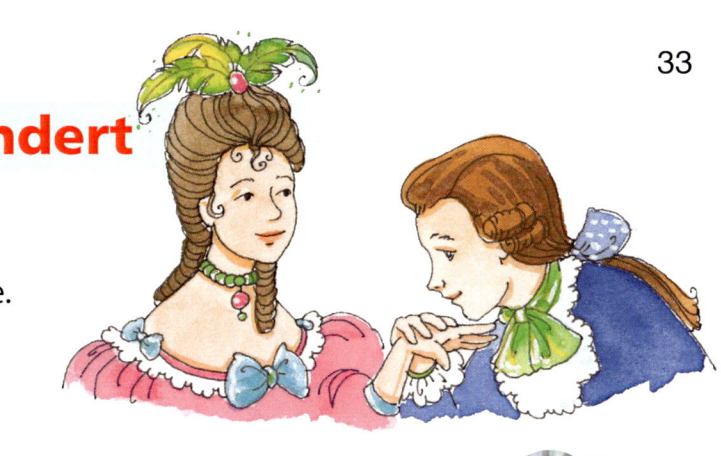

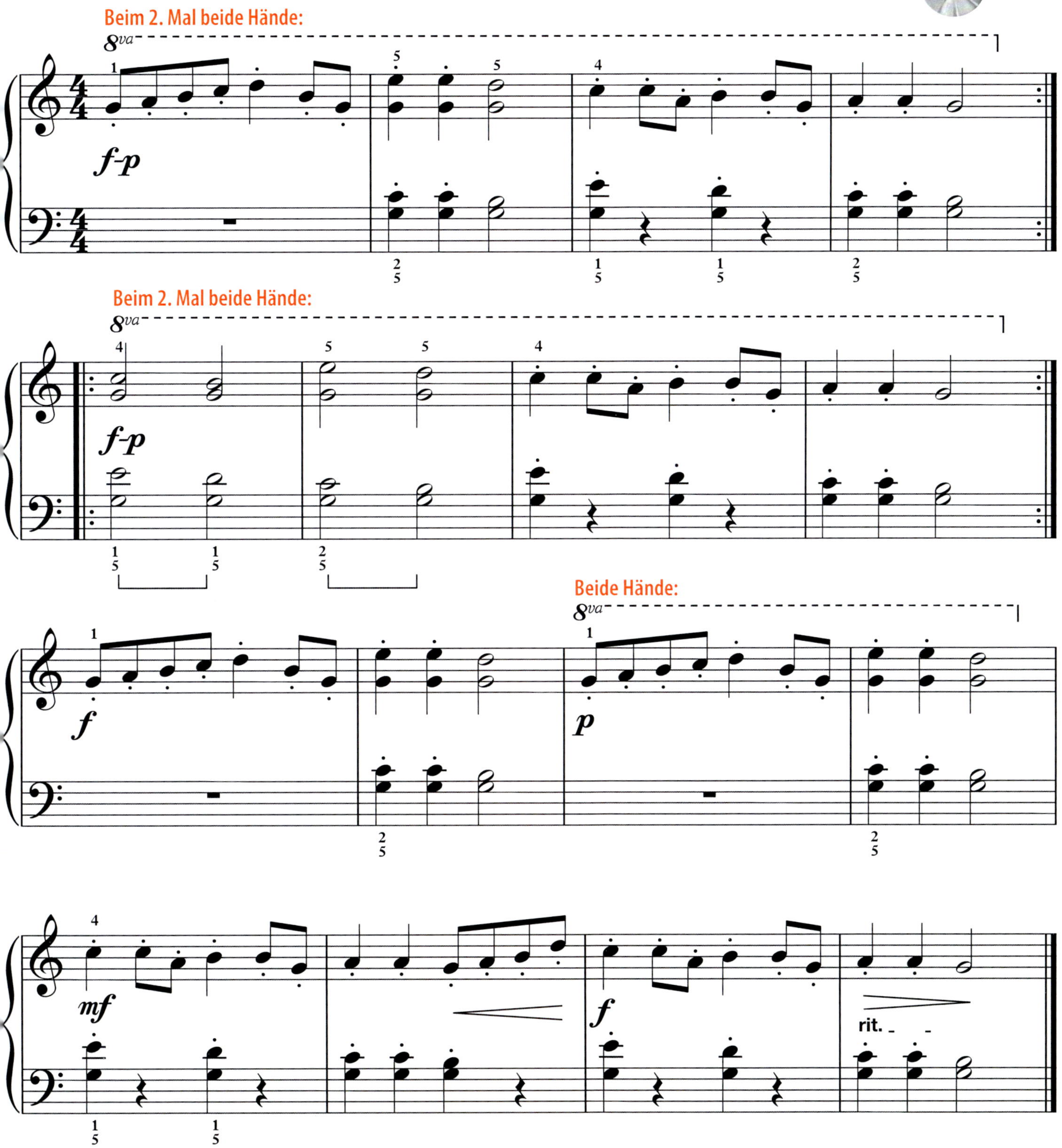

Finger spreizen – Hand verengen

Deine Hände sind jetzt schon sehr beweglich und du kennst dich mit den Klaviertasten so gut aus, dass du im *Super-Boogie* dein ganzes Können zeigen kannst:
Vom FINGER SPREIZEN bis zum HAND VERENGEN.

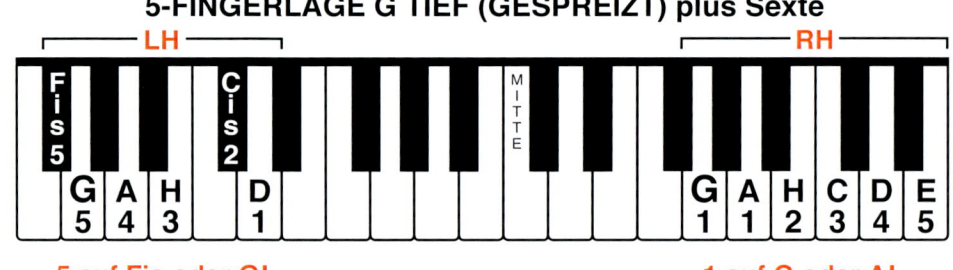

Wenn du diese beiden *Warm-Ups* häufig übst, klappt der *Super-Boogie* bestimmt.

Hörbeispiele online auf
www.klavier-fuer-kinder.de.

Warm-Up RH

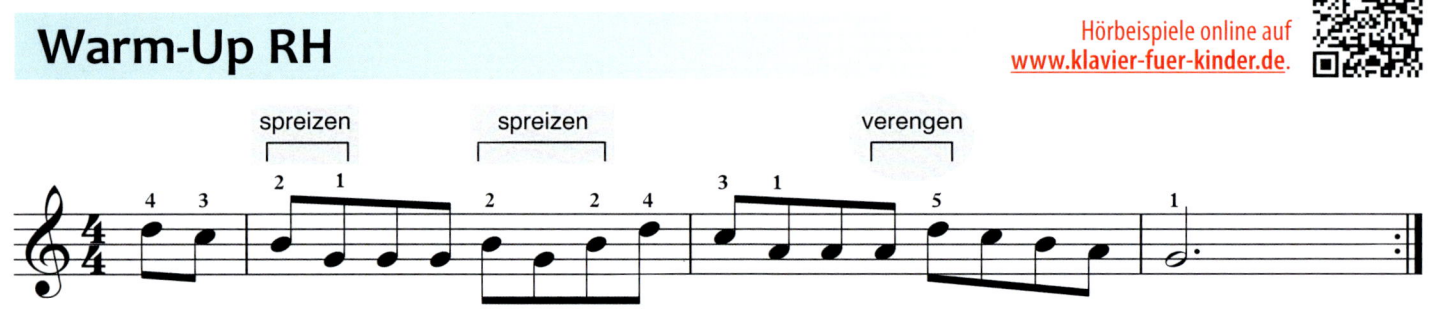

Warm-Up LH

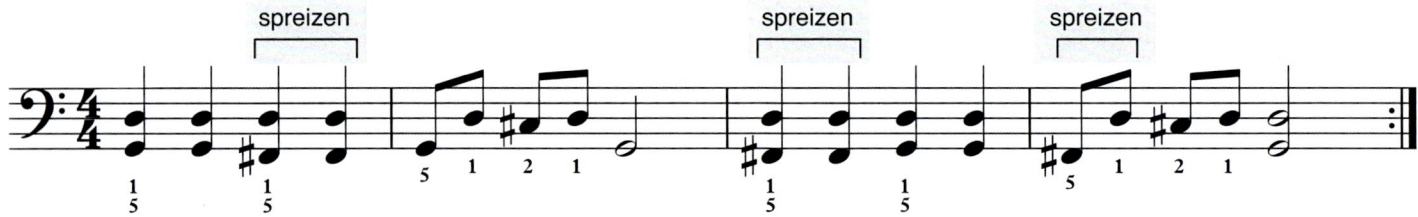

Du kannst die **Achtelnoten** auch etwas ungleichmäßig spielen: LANG – KURZ!

Super-Boogie

Musik: Lethco/Palmer/Manus

Dein nächstes **Konzertstück** stammt von dem berühmten Komponisten **Carl Czerny**. Er war ein gefeierter Pianist aus Wien, der sowohl Schüler von **Beethoven** als auch Lehrer von **Liszt** war. Obwohl er viele Werke für Orchester komponierte, ist er heute vor allem wegen seiner Klavierstücke und Etüden bekannt, die seit Generationen auf der ganzen Welt von Klavierschülern gespielt werden.

Warm-Up RH

Hörbeispiel online auf www.klavier-fuer-kinder.de.

Spiele dieses *Warm-Up* mehrmals hintereinander, damit du für die Sexten fit bist, denn VORSICHT: Die „springen" nach oben und nach unten! – Da heißt es: *Übung macht den Meister!*

Konzertstück:
Etüde in Sexten
Musik: Carl Czerny (1791–1857)

CD 22

Nun vermischen sich deine Spielstücke immer mehr:
Gemischte Lagen, Finger spreizen, Hand verengen – alles ist mit dabei.
Damit du auch diese schwierigeren Stücke gut schaffst, teilst du sie dir
in verschiedene Teile ein und übst zuerst jede Hand einzeln.

Aufgabe:

Der **Sternenwalzer** besteht aus drei Teilen. Trage die Taktzahlen ein:

Der **1. Teil** geht von Takt 1 bis Takt _____ , der **2. Teil** von Takt _____ bis Takt _____ und

der **3. Teil** von Takt _____ bis zu D.C. al Fine.

TIPP: Übe jeden der drei Teile mehrmals mit den einzelnen Händen und dann mehrmals mit beiden Händen. Wenn du jetzt noch Kraft hast, spielst du das ganze Stück mit allen Wiederholungen und mit *D. C. als Fine*. – BRAVO! – Jetzt hast du dir eine Pause verdient! ☺

Lösungen online auf
www.klavier-fuer-kinder.de.

Übung mit Fingerübersatz und Daumenuntersatz für die RH

In dieser Übung für die RH spielst du bei jeder zweitaktigen Phrase in einer neuen Handposition. Du beginnst genau EINEN Ton TIEFER als davor.

Zuerst beginnst du mit dem 5. Finger auf F und setzt mit dem 2. Finger ÜBER den Daumen (**Fingerübersatz**). Der Daumen bleibt aber UNTER der Hand und du spielst ihn als letzten Ton der Phrase noch einmal (**Daumenuntersatz**). Nach zwei Takten (= eine Phrase) wiederholst du die Fingerbewegung, aber diesmal einen Ton tiefer.

Übung mit Fingerübersatz und Daumenuntersatz für die LH

Hörbeispiele online auf www.klavier-fuer-kinder.de.

In dieser Übung für die LH spielst du bei jeder zweitaktigen Phrase in einer neuen Handposition. Du beginnst genau EINEN Ton HÖHER als davor.

Zuerst beginnst du mit dem 5. Finger auf G und setzt mit dem 2. Finger ÜBER den Daumen (**Fingerübersatz**). Der Daumen bleibt aber UNTER der Hand und du spielst ihn als letzten Ton der Phrase noch einmal (**Daumenuntersatz**). Nach zwei Takten (= eine Phrase) wiederholst du die Fingerbewegung, aber diesmal einen Ton höher.

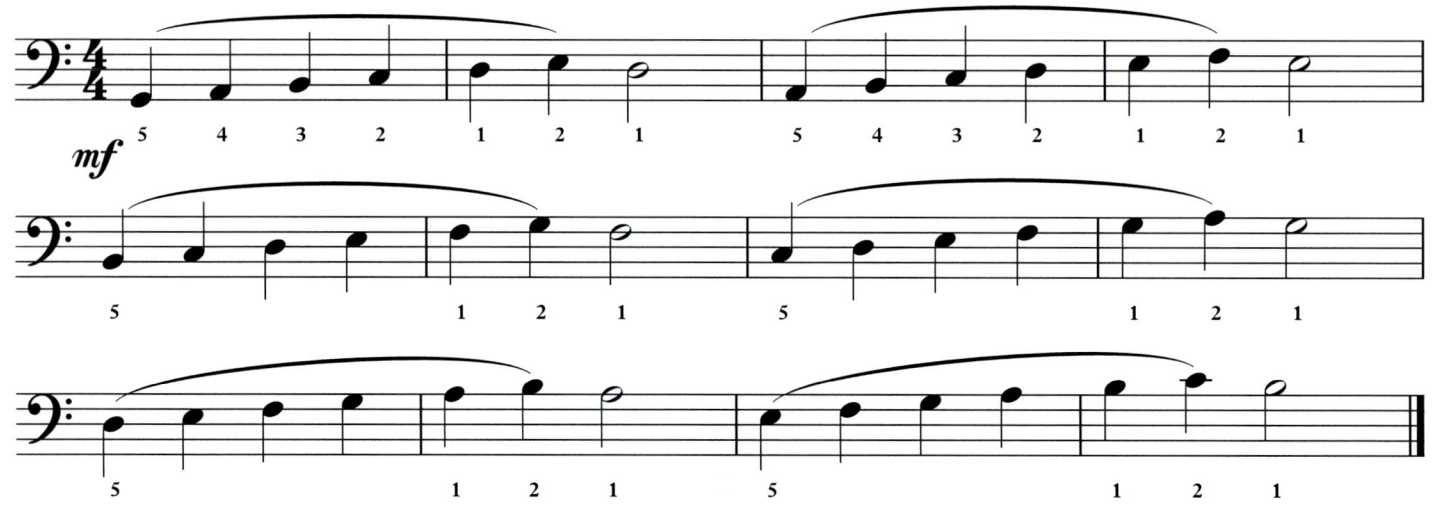

Aufgabe:

Findest du in **Sur le pont d'Avignon** die Stelle mit dem Fingerübersatz? Sie ist in Takt ____ .

Markiere in den Noten den besonderen Fingersatz im Takt 8 **farbig**.

Dieses französische Volkslied ist auch in Deutschland mit dem französischen Liedtext sehr bekannt. Es besingt tanzende Menschen auf der Brücke bei der Stadt Avignon.

Sur le pont d'Avignon

Musik und Text: überliefert aus Frankreich;
Dt. Text: Michaela Paller

CD 24

Finger-Fitness
Musik: Lethco/Palmer/Manus

Du kannst mittlerweile schon *Fingerübersatz*, *Daumenuntersatz* und *Fingerspreizen* und du kennst dich in verschiedenen Lagen am Klavier gut aus. Jetzt ist es an der Zeit, dass du selbst an wichtigen Stellen in Stücken geeignete Fingersätze für dein Spiel herausfindest.

Aufgabe:
1. Trage in die Kästchen die besten Fingersätze ein. Als kleine Hilfe ist der erste Fingersatz jeder Zeile angegeben.
2. Nun spielst du das Stück mit deinen eigenen Fingersätzen. Hast du die Fingersätze gut gewählt?

Lösungen online auf www.klavier-fuer-kinder.de.

Variationen über ein Mozart-Thema

Musik: Wolfgang Amadeus Mozart (1756–1791)

Wolfgang Amadeus Mozart war einer der berühmtesten Komponisten aller Zeiten. Schon als Kind reiste er durch Europa und galt als Wunderkind am Klavier. Heute sind seine beliebten Opern, Symphonien, Orchesterwerke und Klavierkompositionen nicht aus den Konzerthäusern und Theatern wegzudenken.

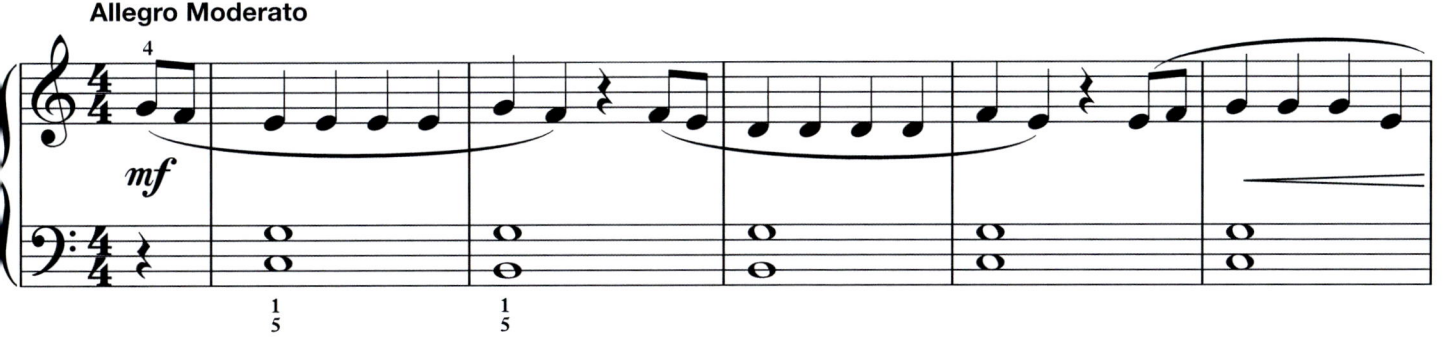

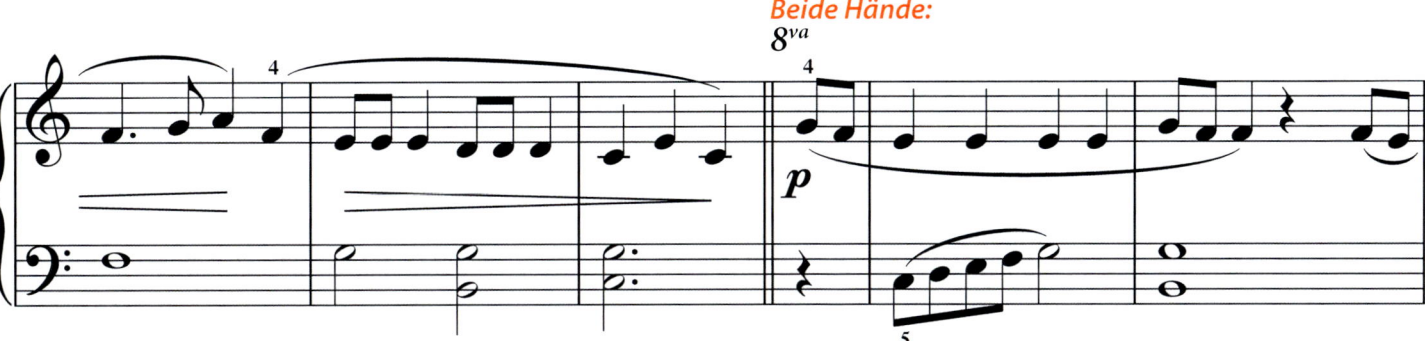

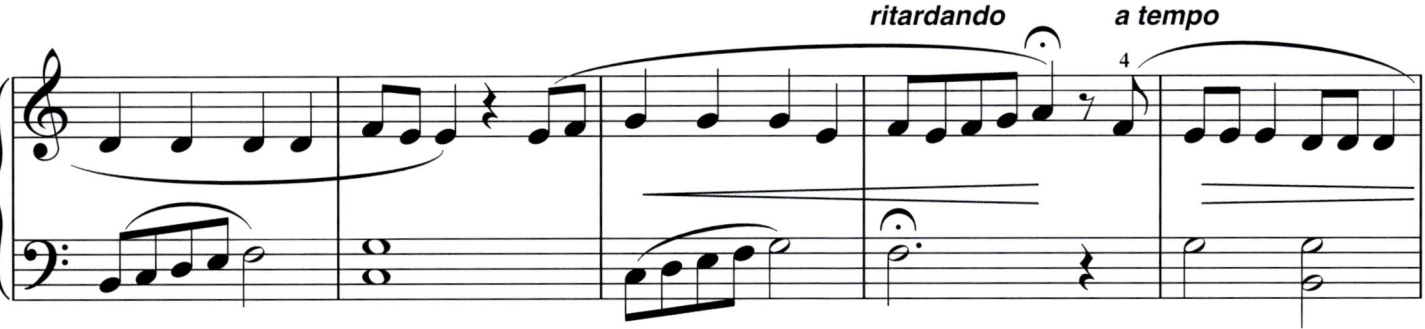

Konzertstück:
Malagueña Musik: überliefert aus Spanien

In diesem Konzertstück scheint alles ein bisschen „verdreht":

Die LH beginnt im Violinschlüssel zu spielen, in Takt 7 sowie ab der vorletzten Zeile spielt dafür die RH im Bassschlüssel. Zudem gibt es Stellen, die mit *Pedal* gespielt werden und *8va-Zeichen*. Es ist also ganz schön was los in diesem Stück, das du deshalb auch gut und oft üben musst. Aber es lohnt sich, denn diese Malagueña ist wieder ein super Konzertstück, das deine Zuhörer begeistern und dich stolz machen wird.

HINWEIS: Eine **Malagueña** ist sowohl ein *spanischer Volkstanz* als auch ein *Volkslied* aus der spanischen Region **Malaga**. So wie es viele Tangos oder Walzer gibt, gibt es dort auch viele Malagueñas.

NEUE DYNAMIKZEICHEN

ff (fortissimo) — Hier spielst du **SEHR LAUT!**

pp (pianissimo) — Hier spielst du **SEHR LEISE!**

Bei diesem Stück wird die Melodie am Anfang und am Ende zwischen beiden Händen aufgeteilt. Wenn du dir den Mittelteil anschaust, siehst du, dass die Melodie absteigt. Auch das ist typisch für die Malagueña.

Für Musik-Detektive

Schreibe die richtigen Nummern in die Kästchen unten und du bist auf direktem Weg zum Highscore. Für jede richtige Antwort erhältst du **10 Punkte**.

VIERTELPAUSE	1		PIANISSIMO
AUFLÖSUNGSZEICHEN			FERMATE
B-VORZEICHEN			DIMINUENDO (auch: decrescendo)
KREUZVORZEICHEN			CRESCENDO
MEZZO PIANO			PIANO
SCHLUSSZEICHEN			MEZZO FORTE
GANZE PAUSE			PEDALZEICHEN
AKZENT			FORTISSIMO

Lösungen online auf www.klavier-fuer-kinder.de.

Das beste Ergebnis sind 150 Punkte bei 15 richtigen Antworten.

Wie viele Punkte hast du erzielt? _____

46

Umkreise im **Septimen-Walzer** alle Septimen.

Wie viele hast du gefunden? _____

Lösungen online auf
www.klavier-fuer-kinder.de.

Septimenwalzer Musik: Lethco/Palmer/Manus

Dieser Walzer ist ganz schön knifflig! Deshalb ein Spieltipp:

TIPP: Übe die 1. Zeile mehrmals einzeln, dann mehrmals mit beiden Händen.
Übe nun die 2. Zeile mehrmals einzeln, dann mehrmals mit beiden Händen.
Schließlich übst du die letzten beiden Takte mehrmals einzeln, dann mehrmals mit beiden Händen. Wenn du jetzt den **ganzen Walzer** noch ein paarmal von vorne spielst, wirst du ihn bald richtig gut können.

Intervall-Polka Musik: Lethco/Palmer/Manus

Eine *Polka* ist ein lebhafter Tanz, den man in einem großen Kreis tanzt.

Aufgaben:

1. Umkreise im Stück alle melodischen Septime.
2. Wie viele harmonische Sekunden findest du? _____
3. Und wie viele harmonische Terzen? _____
4. Wie viele harmonische Quarten? _____
5. Wie viele harmonische Quinten? _____
6. Wie viele harmonische Sexten? _____
7. Und wie viele harmonische Septimen? _____

Lösungen online auf
www.klavier-fuer-kinder.de.

Allegro moderato

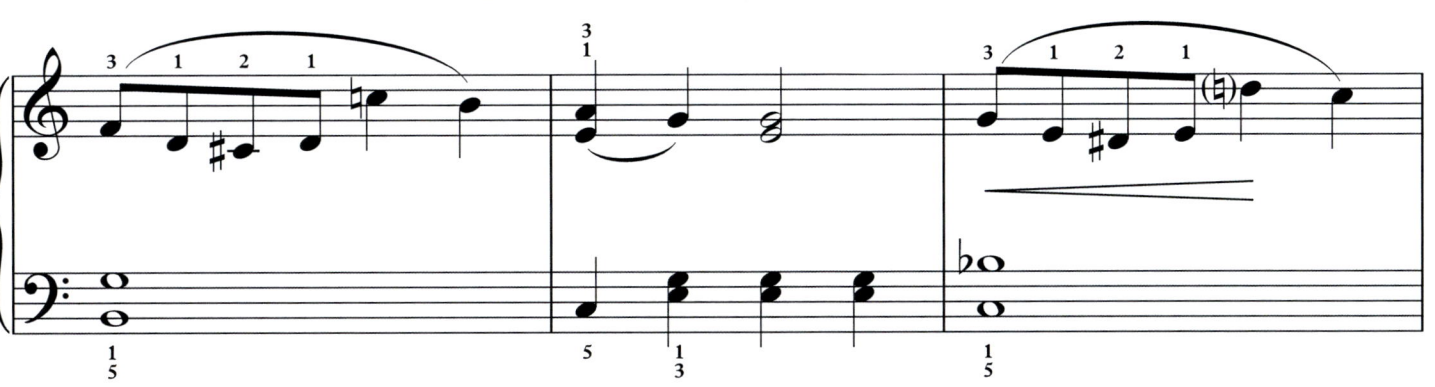

Mozart Sonate (Thema)

Musik: Wolfgang Amadeus Mozart (1756–1791)

Wolfgang Amadeus Mozart ist so berühmt, dass er dir schon wieder begegnet.

Hier ist ein Thema aus einer seiner beliebtesten **Klaviersonaten**. Damit du das Thema jetzt schon spielen kannst, ist es vereinfacht, aber, wenn du gut übst, kannst du das Original dieses wunderschönen Stückes bestimmt auch einmal am Klavier spielen.

Clementine

Musik: überliefert aus den USA
Dt. Text: Michaela Paller

**♯–VORZEICHEN AM ZEILENANFANG
JEDES F WIRD ZUM FIS!**

Andante moderato

1. In der Schlucht in ei-ner Hüt-te leb-te Cle-men-ti-ne
2. Ich ver-lieb-te mich un-sterb-lich, Cle-men-ti-ne, die war
3. So ein Kum-mer, so ein Trau-ern, Cle-men-ti-ne war jetzt
4. Cle-men-ti-ne, ja, du fehlst, doch dei-ne Schwes-ter, die ist

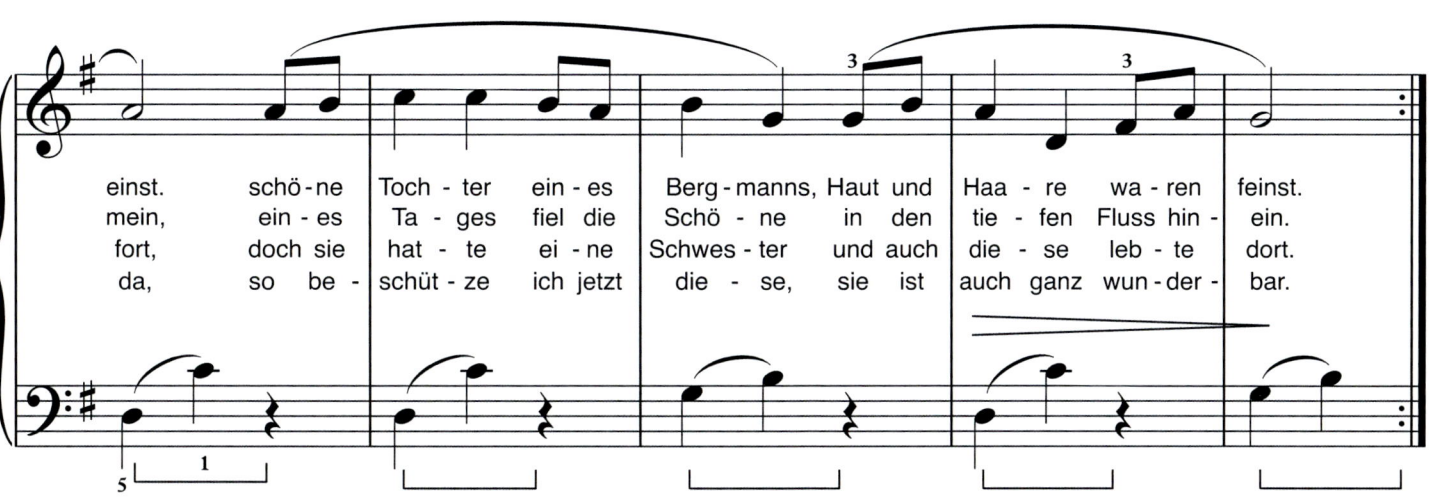

einst. schö-ne Toch-ter ein-es Berg-manns, Haut und Haa-re wa-ren feinst.
mein, ein-es Ta-ges fiel die Schö-ne in den tie-fen Fluss hin-ein.
fort, doch sie hat-te ei-ne Schwes-ter und auch die-se leb-te dort.
da, so be-schüt-ze ich jetzt die-se, sie ist auch ganz wun-der-bar.

50

Du weißt ja schon: *Übung macht den Meister*! – Und wer ein Meister werden will, der kann nicht nur Lieder und Stücke spielen, der muss auch ein bisschen FINGERTRAINING machen.
Mit diesen beiden Übungen werden deine Finger und Hände locker, beweglich und dehnbar.
Ein bisschen wie bei einem *Zauberer*.

Zauberübung Fingerkreuzen 1 Musik: Lethco/Palmer/Manus

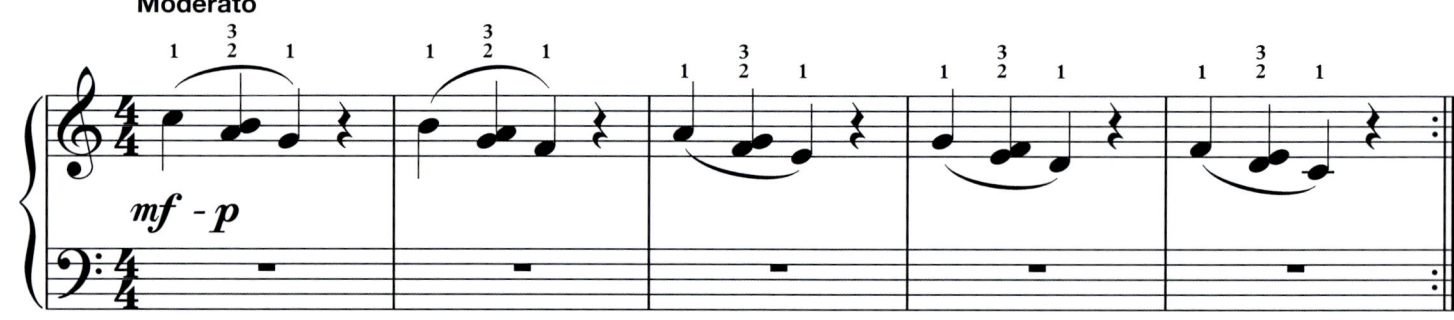

Zauberübung Fingerkreuzen 2 Musik: Lethco/Palmer/Manus

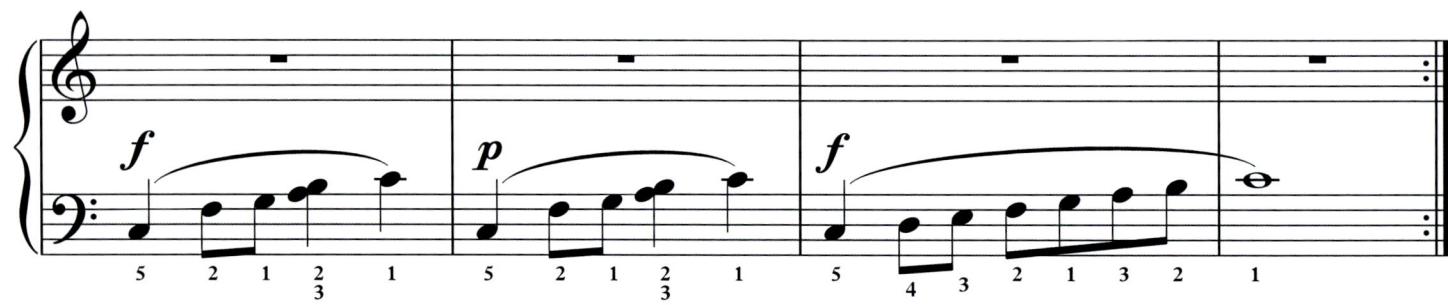

Zauber-Jogging

Musik: Lethco/Palmer/Manus

Gar nicht so schlecht, dein Weg zum TASTEN-ZAUBERER, doch hier kommt noch ein weiteres Zauberstück aus der Tasten-Zauberer-Trickkiste! ☺

Und weiter geht's:
Wir zaubern uns nach Mexiko!

Warm-Up Punktierter Rhythmus

TIPP: Den Rhythmus der LH schaffst du ganz einfach, wenn du diese Worte dazu sprichst:

Me - xi - ko, yeah, Me - xi - ko, yeah, Me - xi - ko, wie cool!

 CD 35

Serenade in Mexiko Musik: Lethco/Palmer/Manus

Andante moderato
(Ruhig und entspannt)

Beim 2. Mal:

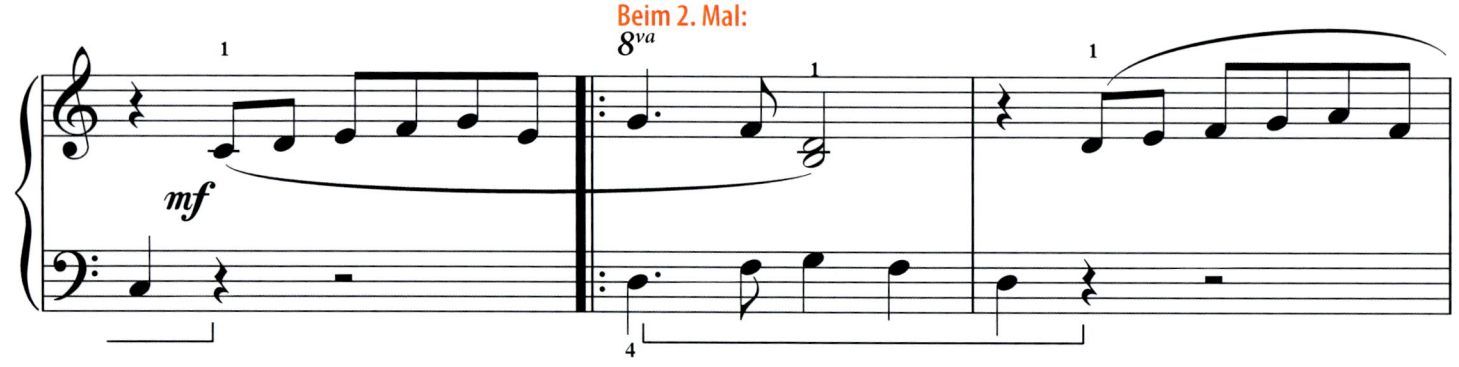

HINWEIS: Eine **Serenade** ist ein heiteres Stück, das abends, gerne auch im Freien, gespielt wird.

Das Intervall Oktave

Wenn du 6 weiße Tasten überspringst und von einem bestimmten Ton zum nächsten Ton mit dem gleichen Namen springst, nennt man das Intervall **Oktave (8)**.

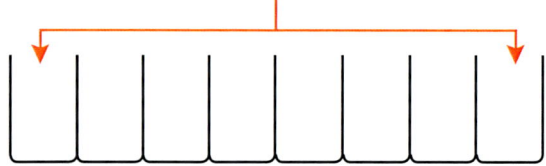

OKTAVEN schreibt man von einer Liniennote bis zu einem Zwischenraum oder umgekehrt.

Spiele und sprich:

Auf Ok - ta - ve, ab Ok - ta - ve, auf Ok - ta - ve, ab Ok - ta - ve.

Auf Ok - ta - ve, ab Ok - ta - ve, auf Ok - ta - ve, ab Ok - ta - ve.

Sprich die Namen der Intervalle, während du sie spielst:

Melodische Intervalle mit RH:

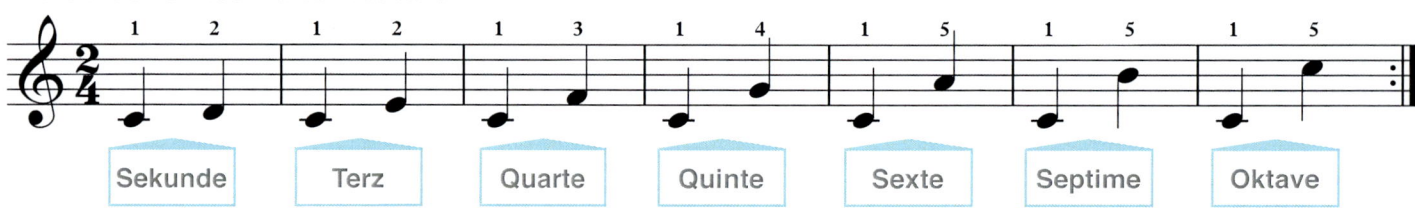

Harmonische Intervalle mit LH:

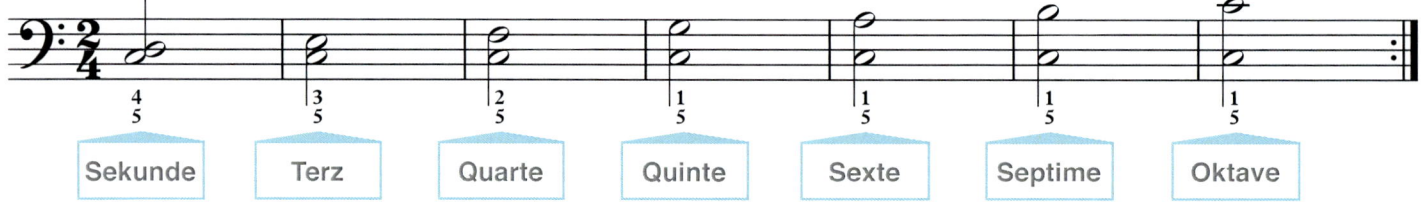

Male in jeden Takt die Note für das angegebene Intervall (aufwärts) als halbe Note. In welche Richtung zeigen die Notenhälse?

Lösungen online auf www.klavier-fuer-kinder.de.

Spiele mit der RH:

Spiele mit der LH:

Konzertstück:
Can-Can Musik: Jacques Offenbach (1819–1880)

 CD 36

Dieser Can-Can von dem Komponisten **Jacques Offenbach** ist in ganz Europa als temperamentvoller Tanz bekannt und beliebt. Er eignet sich wieder super als Konzertstück.

Damit du ihn schwungvoll und frech spielen kannst, musst du gut üben. Hier ein paar Tipps:

TIPP 1: Spiele zuerst die Takte 1 und 2 mit der LH mehrmals einzeln.

TIPP 2: Spiele die Zeilen 1 und 2 mit der RH mehrmals einzeln.

TIPP 3: Jetzt kannst du das Stück langsam mit beiden Händen spielen und nach und nach das Tempo steigern.

Alberti-Etüde

Musik: Jean-Baptiste Duvernoy (1800–1880)

Jean-Baptiste Duvernoy war ein berühmter französischer Pianist und Komponist.
Noch heute sind seine Etüden für Klavier bekannt. Sie sind schön zu spielen und klingen gut.

Domenico Alberti (um 1710–1746) war ein bekannter Komponist aus Italien, dessen Kompositionen häufig gebrochene Akkorde in der LH enthielten, wie sie in dieser Etüde zu finden sind.

Da Capo al Fine

Super gemacht! Nun bist du schon fast am Ende von ALFREDS KLAVIERSCHULE FÜR KINDER angelangt. Zum Abschluss gibt es ein beeindruckendes Final-Stück für dich, das noch einmal ein wunderschönes Konzertstück ist.

Abschlusskonzert:
Großes Finale

Musik: Lethco/Palmer/Manus

CD 39

Anhang:
Von C bis C: Die C-Dur-Tonleiter

Wenn du alle weißen Tasten von C nach C spielst, erklingt die C-DUR-TONLEITER. Sie besteht aus lauter *Tonschritten* (*Sekunden*), die jedoch nicht alle gleich groß sind. Spiele und höre dir gut zu:

Manchmal spielst du dabei HALBTONSCHRITTE: Das ist die direkte Entfernung von einem Ton zum nächsten, egal ob dieser eine weiße oder schwarze Taste ist. Es darf kein Ton dazwischen sein. Und manchmal spielst du GANZTONSCHRITTE: Das sind 2 Halbtonschritte. Es ist also eine weiße oder schwarze Taste dazwischen.

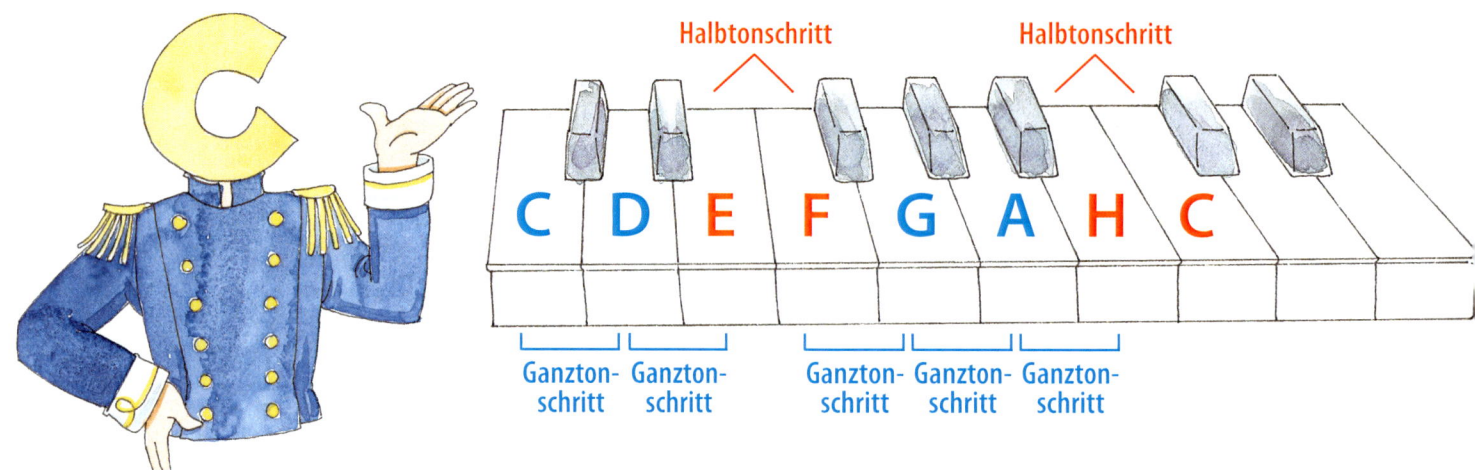

Jede **Dur-Tonleiter** besteht aus dieser bestimmten Abfolge von **Halb-** und **Ganztonschritten**:

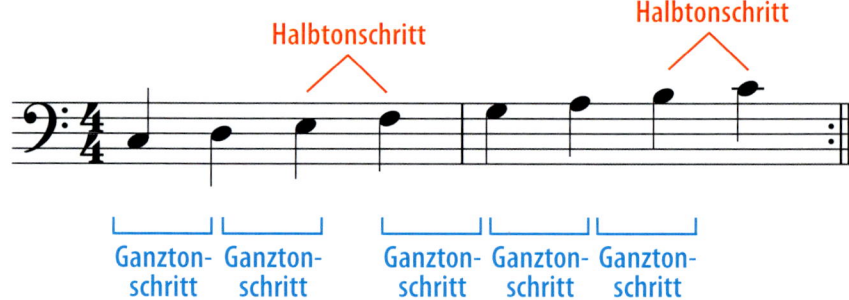

In der Dur-Tonleiter spricht man nicht von „8 Tönen", sondern von „8 Stufen".
Zwischen der **3. und 4. Stufe** und der **7. und 8. Stufe** liegen die Halbtonschritte, die den typischen Klang einer Dur-Tonleiter ergeben.

Zeichne selbst die Halb- und Ganztonschritte ein. Schreibe ein „**GT**" für einen Ganztonschritt, ein „**HT**" für einen Halbtonschritt in die Kästchen.

Lösungen online auf
www.klavier-fuer-kinder.de

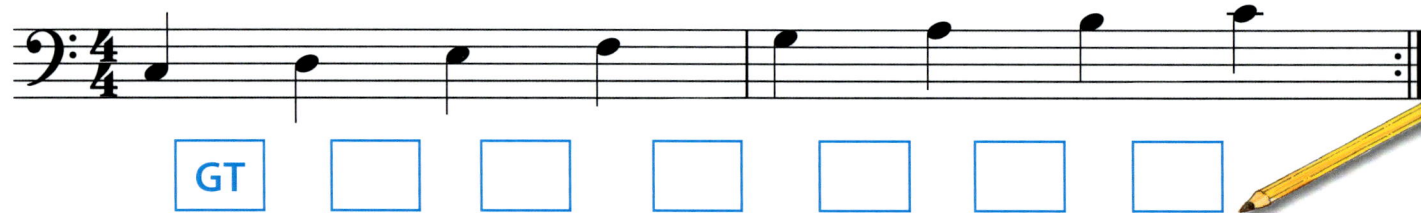

1. Spiele nun die **C-Dur-Tonleiter** mit der **LH aufwärts**. Du beginnst mit dem 5. Finger. Wenn du beim Daumen angelangt bist, setzt du mit dem **3. Finger** über und spielst noch einmal bis zum Daumen.

2. Spiele nun die **C-Dur-Tonleiter** mit der **RH abwärts**. Du beginnst mit dem 5. Finger. Wenn du beim Daumen angelangt bist, setzt du mit dem **3. Finger** über und spielst noch einmal bis zum Daumen.

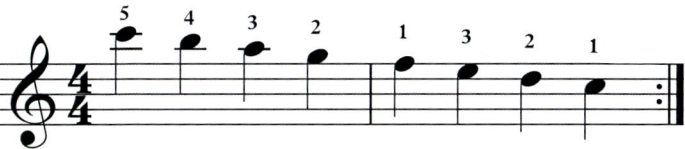

C-Dur-Spaziergang

Moderato bis Allegro moderato

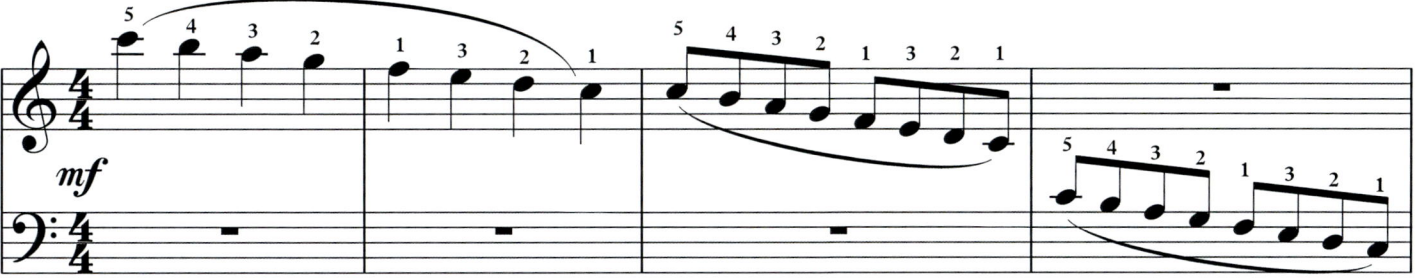

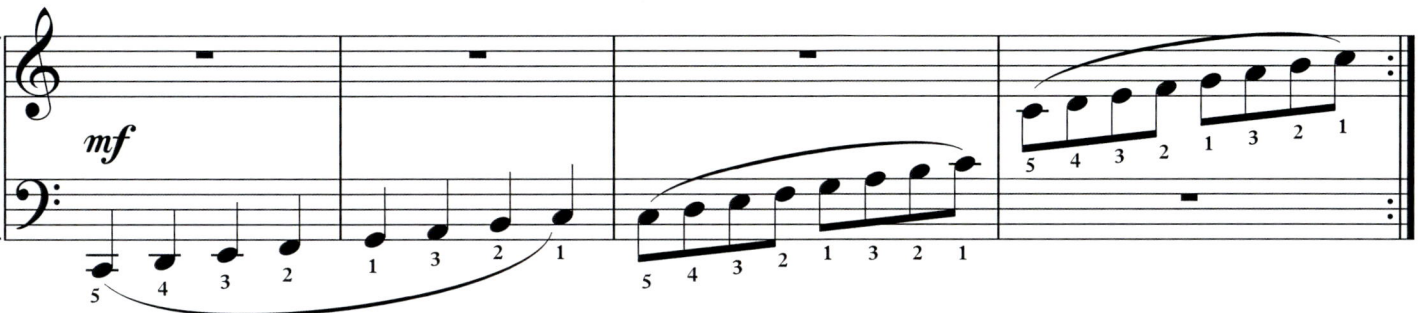

Wenn du den **C-Dur-Spaziergang** gut spielen kannst, versuche auch einmal, statt auf C auf G zu beginnen. Wenn du nur die weißen Tasten spielst, stimmt an einer Stelle der „typische Dur-Klang" nicht. Findest du heraus, wo? Welche schwarze Taste musst du stattdessen spielen?

Ab und auf in C-Dur

Andante bis Allegro moderato

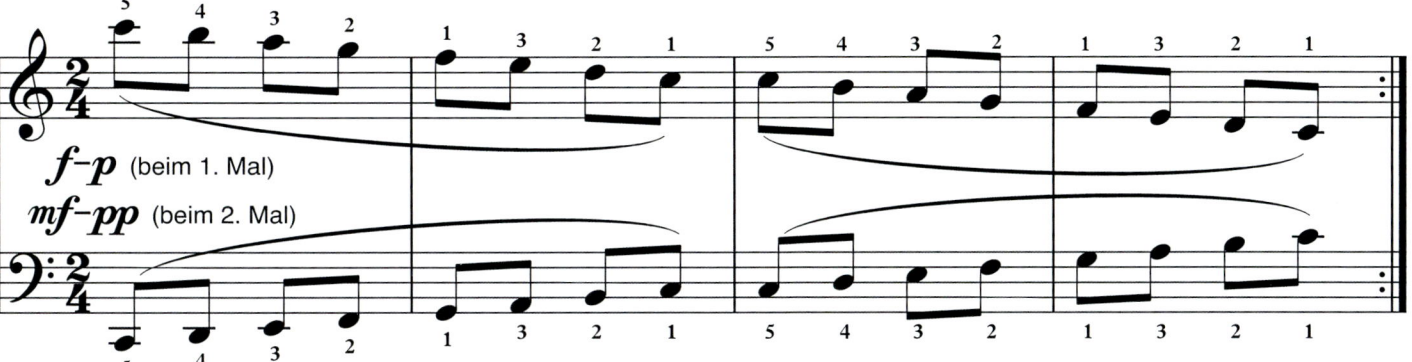

Lösung: Spiele statt F ein Fis, dann erhältst du wieder den typischen Dur-Klang. Der neue Dur-Spaziergang von G bis G enthält die Töne der G-Dur-Tonleiter. Du hast also den **G-Dur-Spaziergang** daraus gemacht.

Von A bis A: Die A-Moll-Tonleiter

Du kannst von jeder Stufe der C-Dur-Tonleiter eine andere Tonleiter ableiten. Wenn du z. B. vom Ton A (6. Stufe) eine Tonleiter auf den weißen Tasten spielst, erhältst du die A-Moll-Tonleiter:

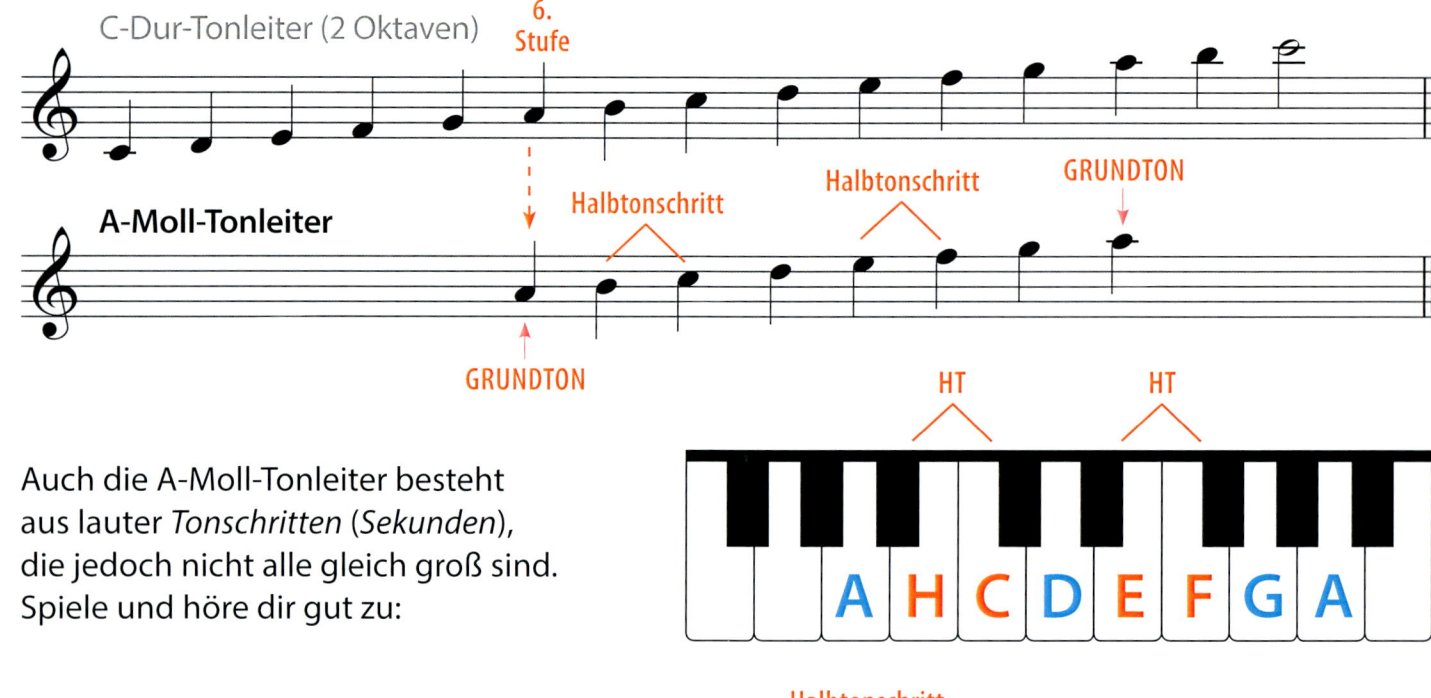

Auch die A-Moll-Tonleiter besteht aus lauter *Tonschritten* (*Sekunden*), die jedoch nicht alle gleich groß sind. Spiele und höre dir gut zu:

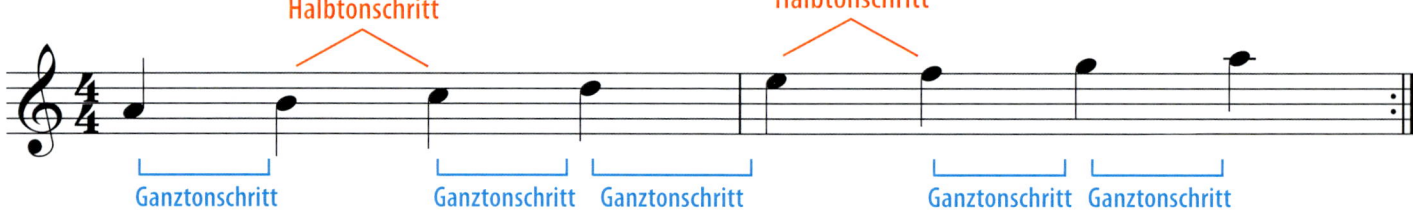

Die Moll-Tonleiter besteht ebenfalls aus „**8 Stufen**".
Die Halbtonschritte liegen dabei aber zwischen der **2. und 3. Stufe** und der **5. und 6. Stufe** und ergeben den typischen Klang einer Moll-Tonleiter.

Zeichne selbst die Halb- und Ganztonschritte ein. Schreibe ein „**GT**" für einen Ganztonschritt, ein „**HT**" für einen Halbtonschritt in die Kästchen.

Lösungen online auf www.klavier-fuer-kinder.de.

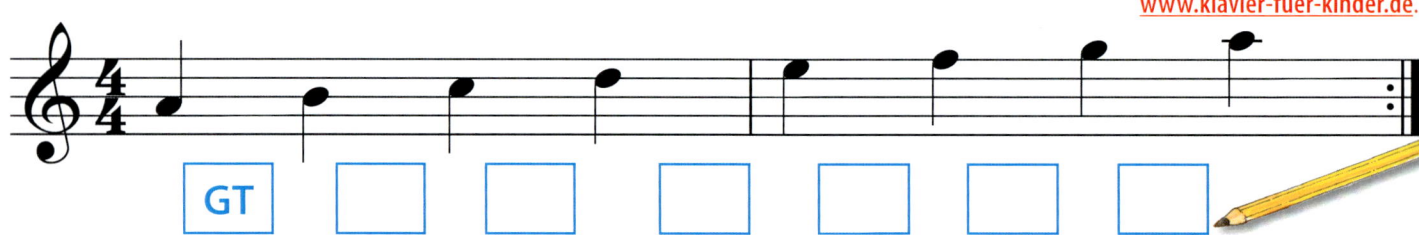

1. Spiele nun die **A-Moll-Tonleiter** mit der **LH aufwärts**. Du beginnst mit dem 5. Finger. Wenn du beim Daumen angelangt bist, setzt du mit dem **3. Finger** über und spielst noch einmal bis zum Daumen.

2. Spiele nun die **A-Moll-Tonleiter** mit der **RH abwärts**. Du beginnst mit dem 5. Finger. Wenn du beim Daumen angelangt bist, setzt du mit dem **3. Finger** über und spielst noch einmal bis zum Daumen.

A-Moll-Spaziergang

Moderato bis Allegro moderato

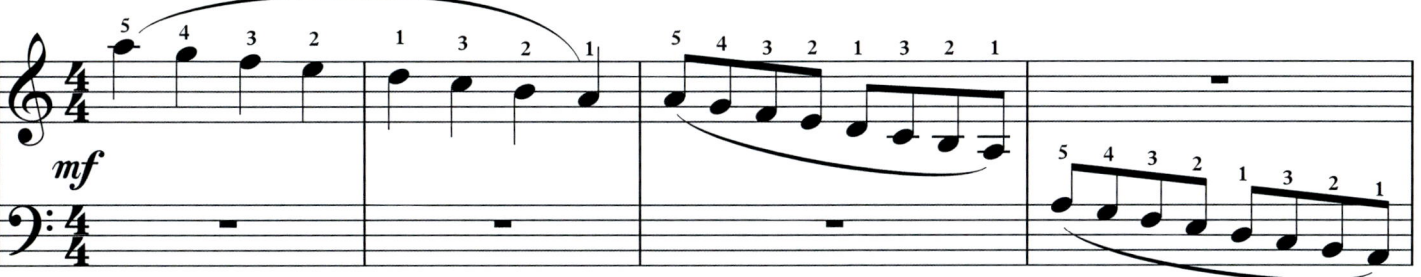

Wenn du den *A-Moll-Spaziergang* gut spielen kannst, versuche auch einmal, statt auf A auf E zu beginnen. Wenn du nur die weißen Tasten spielst, stimmt an einer Stelle der „typische Moll-Klang" nicht. Findest du heraus, wo? Welche schwarze Taste musst du stattdessen spielen?

Ab und auf in A-Moll

Andante bis Allegro moderato

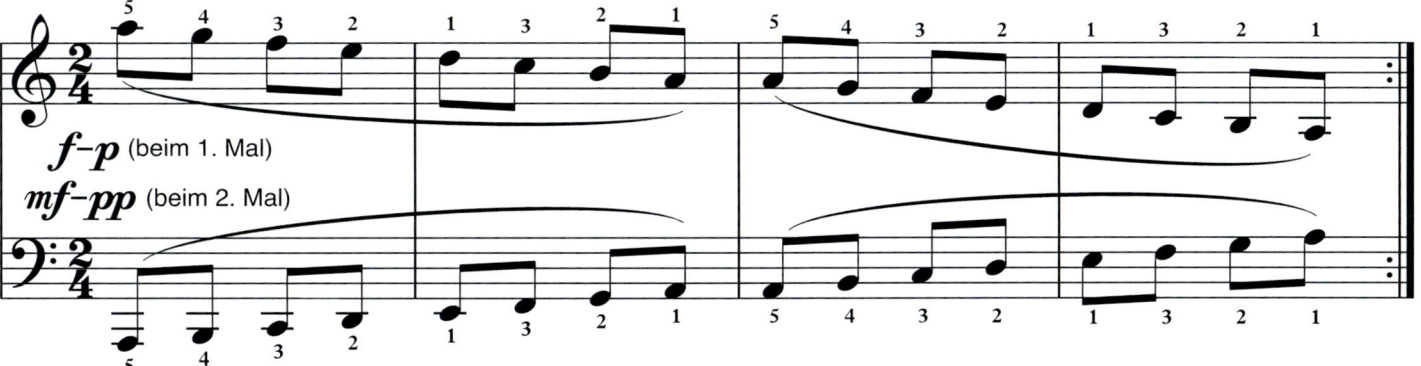

Bilde selbst eine Moll-Tonleiter von einem anderen Ton aus. Achte auf die *Halbtonschritte* auf der **2. und 3. Stufe** und der **5. und 6. Stufe**:

Lösungen online auf
www.klavier-fuer-kinder.de.

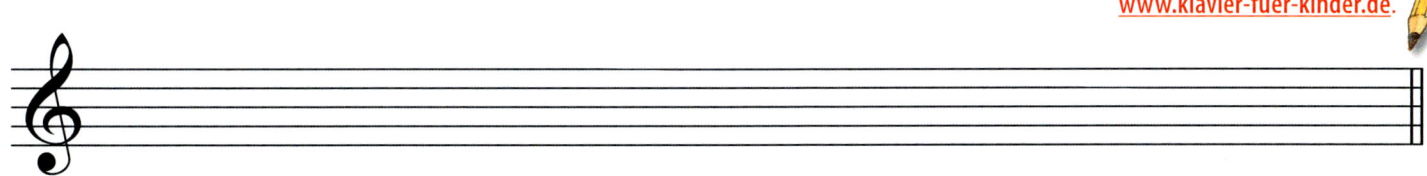

Lösung: Spiele statt F ein Fis, dann erhältst du wieder den typischen Moll-Klang. Der neue Moll-Spaziergang von E bis E enthält die Töne der E-Moll-Tonleiter. Du hast also den *E-Moll-Spaziergang* daraus gemacht.

Dreiklänge

Ein Dreiklang besteht aus drei Tönen. Der GRUNDTON ist die Note, die dem Dreiklang seinen Namen gibt. Ist der Grundton C, spricht man vom C-Dreiklang. Ausgehend vom GRUNDTON sind darüber eine TERZ und die QUINTE aufgebaut.

So sehen DREIKLÄNGE IN GRUNDSTELLUNG (mit dem Grundton als untersten Ton) aus:

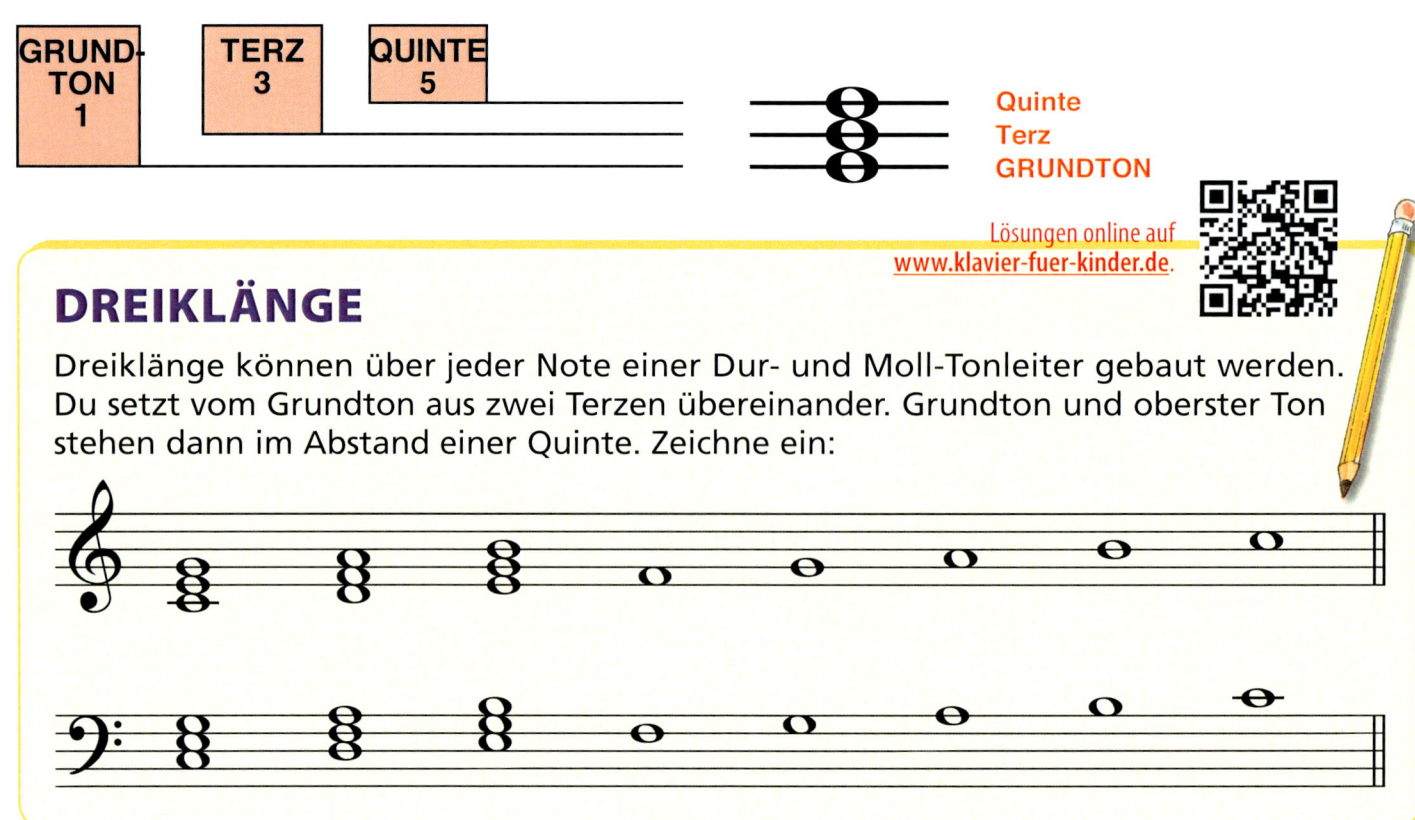

Lösungen online auf www.klavier-fuer-kinder.de.

DREIKLÄNGE

Dreiklänge können über jeder Note einer Dur- und Moll-Tonleiter gebaut werden. Du setzt vom Grundton aus zwei Terzen übereinander. Grundton und oberster Ton stehen dann im Abstand einer Quinte. Zeichne ein:

Die Dreiklänge der C-Dur-Tonleiter

Spiele mit der RH:

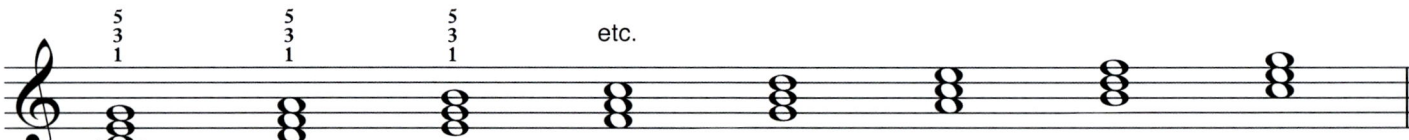

Die Dreiklänge der A-Moll-Tonleiter

Spiele mit der LH:

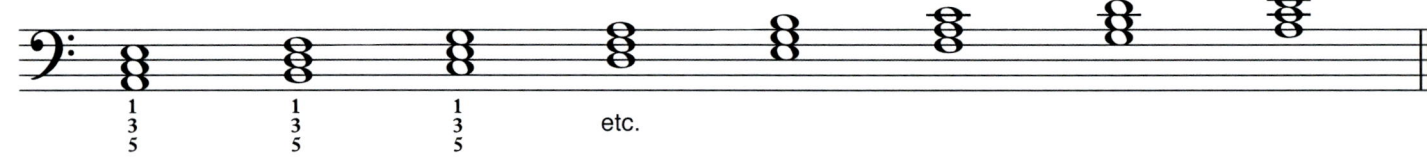

Die wichtigsten Dreiklänge

Die wichtigsten Dreiklänge einer Tonleiter sind die HAUPTDREIKLÄNGE der **1., 4. und 5. Stufe**. Man schreibt sie mit den römischen Zahlen: **I** (1), **IV** (4) und **V** (5).

In der C-Dur-Tonleiter ist der Dreiklang auf der

1. Stufe:	4. Stufe:	5. Stufe:
C-Dur	**F-Dur**	**G-Dur**
-Dreiklang	-Dreiklang	-Dreiklang

Die wichtigsten C-Dur-Dreiklänge in Grundstellung

Die Großbuchstaben über den Dreiklängen bezeichnen die Dur-Dreiklänge. Spiele mehrmals.

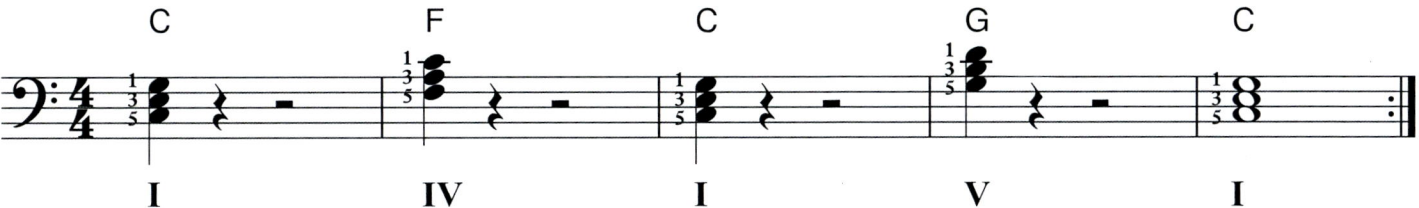

Akkordverbindungen

Wenn man die Hauptdreiklänge hintereinander in Grundstellung spielt, muss die Hand vom Dreiklang der I. Stufe zu dem der IV. Stufe weit springen. Um solche Akkordverbindungen zu vereinfachen, spielt man die einzelnen Töne der Dreiklänge der IV. und V. Stufe in einer anderen Reihenfolge.

I. Stufe:	IV. Stufe:	V. Stufe:
	Oberster Ton	Beide obersten Töne
Grundstellung	1 Oktave tiefer!	1 Oktave tiefer!
C	F	G

Kadenz

Spiele nun die Akkorde der I., IV. und V. Stufe mehrmals hintereinander. Wenn du das mit der 2. Notenzeile von oben vergleichst, merkst du, dass es jetzt deutlich leichter zu spielen ist.

Stehen diese oder ähnliche Akkordverbindung am Ende eines Musikstücks, spricht man von einer KADENZ.

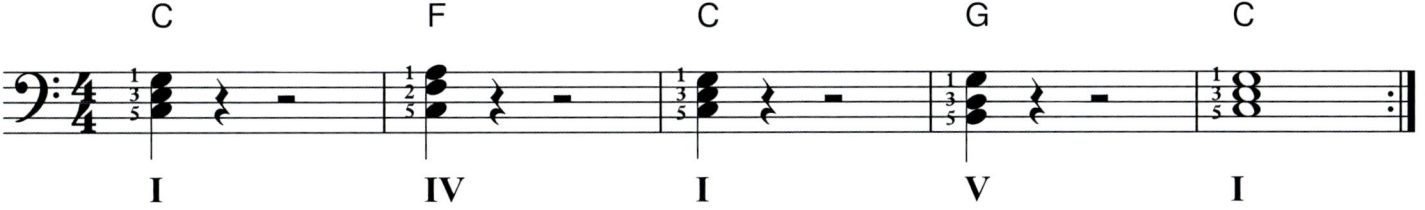

Dreiklänge und ihre Umkehrungen

GRUNDSTELLUNG

Ein Dreiklang in **GRUNDSTELLUNG** besteht aus zwei übereinander geschichteten Terzen.

GRUNDSTELLUNG:
Der **GRUNDTON** ist immer der **TIEFSTE TON**.

1. UMKEHRUNG

Jeder Dreiklang kann verändert werden, indem ein oder mehrere Töne in die nächste Oktave verschoben werden.

Legt man den Grundton eine Oktave nach oben, spricht man von der **1. UMKEHRUNG**.

1. UMKEHRUNG:
Der **GRUNDTON** ist immer der **HÖCHSTE TON**.

2. UMKEHRUNG

Legt man den untersten Ton der 1. UMKEHRUNG wieder eine Oktave nach oben, spricht man von der **2. UMKEHRUNG**.

2. UMKEHRUNG:
Der **GRUNDTON** ist immer der **MITTLERE TON**.

OKTAVSTELLUNG

Legt man nun den untersten Ton der 2. UMKEHRUNG wieder eine Oktave nach oben, erhält man wieder die GRUNDSTELLUNG, aber **eine Oktave höher**.

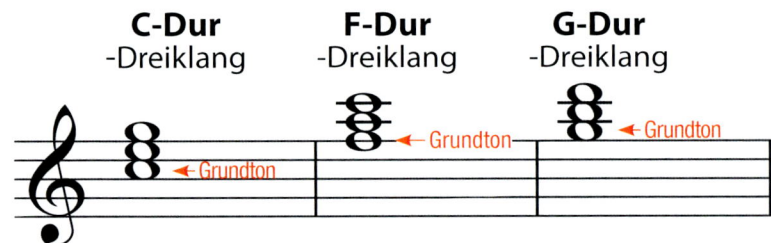

1. Finde bei jedem Dreiklang den **Grundton** heraus, schreibe ihn in das obere Kästchen und male ihn farbig an. Spiele alle Dreiklänge mehrmals.

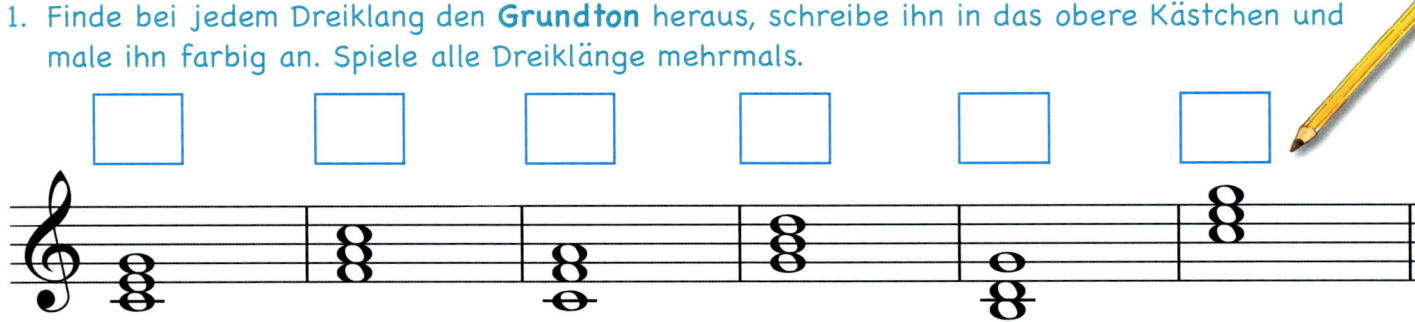

2. Schreibe in das untere Kästchen: **G = Grundton**, **U1 = 1. Umkehrung**, **U2 = 2. Umkehrung**.
3. Spiele alle Dreiklänge mehrmals.

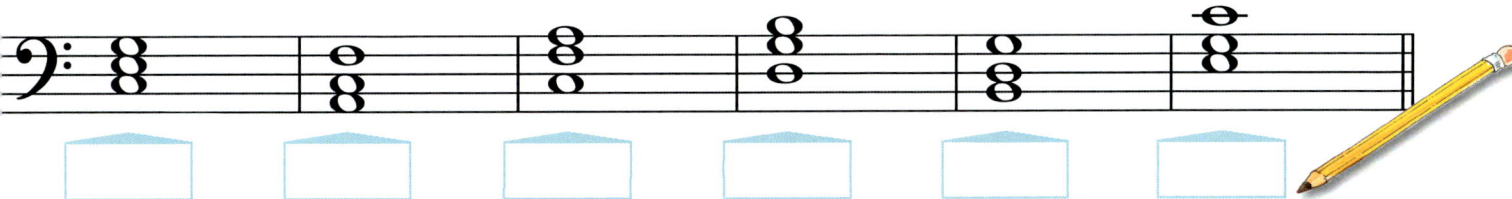

Lösungen online auf
www.klavier-fuer-kinder.de.

FÜR PROFIS:

Wenn du jetzt eine Seite zurück blätterst, zu **Seite 65**, und dir die KADENZ in der letzten Zeile anschaust, erkennst du bestimmt, welcher Akkord in Grundstellung, welcher in der 1. Umkehrung und welcher in der 2. Umkehrung steht. Schreibe auf Seite 65 unter die Akkorde der letzten Notenzeile G, U1 und U2 und male den Grundton farbig an.

Final-Blues   Musik: Lethco/Palmer/Manus

GRATULIERE! Hier kommt noch ein tolles FINALE für den Superprofi! Sicherlich kannst du die Akkorde jetzt ganz genau bestimmen.

URKUNDE

für

_____

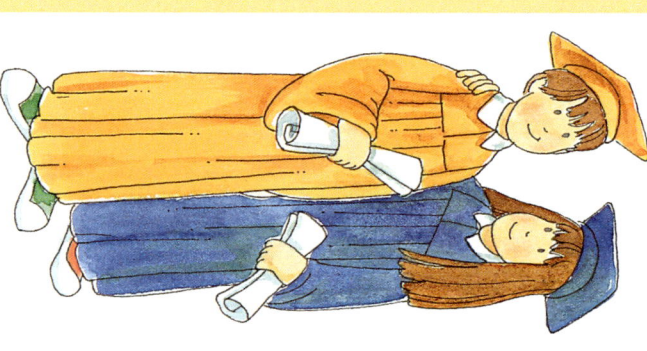

Herzlichen Glückwunsch!
Du hast mit diesem Band 3
Alfreds
KLAVIERSCHULE FÜR KINDER
mit Erfolg abgeschlossen.
Du bist jetzt bereit für weitere Spielliteratur!

Lehrer _____

Elternteil _____

Datum _____